LIANELLA LIVALDI LAUN

Jahresthemen im Horoskop

Aspekte der Astrologie

LIANELLA LIVALDI LAUN

Jahresthemen im Horoskop

Das Solar in sieben Schritten

Hinweis: Die in diesem Buch beschriebenen Fälle stammen aus der Beratungspraxis der Autorin. Aus Gründen der Diskretion werden nur die Abbildungen, aber nicht die exakten Daten der Horoskopbeispiele veröffentlicht.

3. Auflage 2010

Zu beziehen über den Buchhandel oder direkt beim
Chiron Verlag, Postfach 1250, D-72002 Tübingen
www.chironverlag.com

ISBN 978-3-925100-25-3

Inhalt

Einleitung

Während meiner langjährigen Tätigkeit als astrologische Beraterin habe ich einige Methoden ausprobiert, um die Fragen meiner Klienten zu den aktuellen oder zukünftigen Trends zu beantworten. Es existiert eine Reihe von unterschiedlichen Verfahren und jeder Astrologe kann die für ihn passende Technik finden. Aber ich liebe die Einfachheit und bin deswegen der Meinung, daß meine Studenten ein System, das ihnen vertraut und wesensnah ist, vertiefen und in der Praxis benutzen sollen. Ein Sprichwort besagt: »Viele Köche verderben den Brei.« Genauso ist es, wenn zu viele Methoden für die Erstellung einer Prognose gleichzeitig verwendet werden: sie erschweren die Arbeit. In den letzten Jahren habe ich mich bei der Erstellung von Prognosen für das Solarhoroskop und für die Transite der langsam laufenden Planeten (von Jupiter zu Pluto sowie Lilith und Chiron) entschieden. Ich berechne und deute für die Jahresanalyse das Solar und untersuche dazu die Konstellationen der Planeten im Transit, die in dem jeweiligen Jahr fällig werden. In dieser Weise arbeite ich für diejenigen Klienten, die sich nur für die prognostische Vorschau auf ein Jahr interessieren. Möchten sie dagegen auch die psychologischen Prozesse besprechen, die sie über eine längere Zeitspanne hinweg beeinflussen werden, ziehe ich außer den Transiten auch die kosmischen Zyklen mit heran.

Es gibt, wie gesagt, mehrere prognostische Methoden, die für die astrologische Tätigkeit sehr wertvoll sind. Am bekanntesten sind die primären und sekundären Direktionen, die Sonnenbogendirektionen oder der Alterspunkt der Huber-Schule. Ich bin jedoch ganz und gar dagegen, in meiner Praxis alle diese Methoden gleichzeitig *nebeneinander* zu benutzen.

Ich stimme vielmehr dem zu, was Markus Jehle in seinem Vortrag HEILEN MIT DEM HOROSKOP – ÜBER DIE HEILSAMEN EFFEKTE ASTROLOGISCHER BERATUNG anläßlich der Europäischen Astrologie-Tage 1995 in Essen sagte: »*Man muß diesen Astrologen mißtrauen, die bei einer astrologischen Beratung zahlreiche Berechnungen und Formulare vor sich auf dem Tisch ausbreiten. Denn zu viele Systeme gleichzeitig zu verwenden, könnte die Unsicherheit bezüglich der psychologischen Deutung des Horoskops und die Unfähigkeit, grundsätzliche Aussagen zu machen, verdecken.*«

Wer über genügend Übung verfügt und seine Methode beherrscht, kann auf den ersten Blick die wichtigsten Themen erkennen, welche die Psyche des Klienten für die nächste Zeit beschäftigen werden. Dafür braucht man nicht fünf verschiedene prognostische Techniken! Da das Horoskop eine Art kosmische Uhr darstellt, werden wir anhand eines *jeden* Systems deutlich erkennen, von welcher Art die Leitthemen sein werden.

Nehmen wir zum Beispiel an, daß die progressive Venus in Konjunktion zu einem persönlichen Radixplaneten steht. In diesem Fall könnte sich beim Horoskopeigner die innere Bereitschaft für eine neue Liebesbeziehung zeigen. Diesen Wunsch können wir jedoch ebenso aus einem Aspekt zwischen Sonne und Venus im Solarhoroskop ablesen. Darüber hinaus kann ein Transit des laufenden Jupiter zur Radix-Venus die gleiche Thematik wachrufen. Für den Astrologen ist in erster Linie wichtig, die Botschaft solcher Konstellationen wahrzunehmen.

Es ist für den Berater außerdem von großer Bedeutung, die

aktuelle Lebenssituation seines Klienten zu kennen, um eine genaue Aussage erzielen zu können. Lebt der Ratsuchende derzeit gerade in einer festen, glücklichen Beziehung, ist er in den Partner bzw. die Partnerin verliebt und verspürt überhaupt kein Bedürfnis, einen neuen Menschen kennenzulernen oder sich in ein Abenteuer zu stürzen, dann muß der Astrologe andere Auslösungsmöglichkeiten für die Konstellationen in Betracht ziehen. Wenn nun aber – wie in unserem fiktiven Beispiel – Venus aktiviert wird, könnte eine Form der Auswirkung dieser Transite und Aspekte die Neudefinition der persönlichen Werte, aber ebenso das Bedürfnis, sich kreativ auszudrücken oder ein Erwachen des erotischen Verlangens bedeuten. Deswegen ist es immer ratsam, der persönlichen Beratung den Vorzug zu geben. Falls kein Termin vereinbart werden kann und nur die schriftliche Deutung möglich ist, sollten sich Astrologe und Klient nach der Erstellung des Gutachtens telefonisch in Verbindung setzen und die dargelegte Deutung persönlich besprechen.

Das vorliegende Buch ist dem Solarhoroskop gewidmet und ich möchte die Lernenden Schritt für Schritt in die Methode und deren Deutung einführen.

Allgemeine Regeln des Solars

Die erste Frage, mit der wir uns befassen sollten, betrifft die Berechnung des Solars. Ein Solar ist ein Horoskop, das auf den auf die Bogensekunde genauen Übergang der Sonne über ihre eigene Position im Tierkreis um den jeweiligen Kalendergeburtstag herum berechnet wird. Für die Vorbereitung der Solarberechnung muß zunächst der auf die Bogensekunde genaue Sonnenstand für den Geburtstag aus der Ephemeride durch Interpolation ermittelt werden.

Das Solar wird also für den Augenblick erstellt, in dem die Sonne auf exakt jene Position zurückkehrt, die sie bei unserem Geburtstag innehatte. Von einem Geburtstag zum nächsten variiert die Stunde der Wiederkehr der Sonne mit einem Spielraum von bis zu 24 Stunden. Zunächst stellen wir diese zeitliche Differenz zwischen der Geburtsposition der Sonne und der nächstliegenden Sonnenposition für den gewünschten Geburtstag fest. Anschließend berechnen wir ein neues Horoskop unter Berücksichtigung des gefundenen Zeitintervalls. Am Schluß des Buches werde ich ein Rechenbeispiel vorführen.

Sehr wichtig ist, und dies wird meist unterschätzt, bei der Berechnung des Solars, die geographische Breite und Länge des *Aufenthaltsortes* einzubeziehen. Solare sollten nicht für den Geburtsort, sondern nur für den Ort, an dem der Geborene sich im Solarjahr befindet, berechnet werden – auch wenn einige Kollegen diesbezüglich anderer Auffassung sind. Vielleicht lebt der Betreffende zwar noch in seiner Geburtsstadt, verbringt aber aufgrund seines Berufes, seines

Studiums oder aus persönlichen Gründen den Großteil des Jahres irgendwo anders, so müssen wir das Solarhoroskop unbedingt für den hauptsächlichen Wohnort berechnen. Die Gründe sind einfach zu erklären: Der AC und die Häuser des Solars bewegen sich sowohl nach der Geburtsstunde als auch nach der Breite und der Länge.

Um dies besser verständlich zu machen, möchte ich ein Beispiel nennen: Einer meiner Klienten lebt in Amerika, kehrt aber regelmäßig an seinen Geburtsort in Deutschland zurück, um Geschäfte, die er hier gemeinsam mit seiner Schwester führt, zu überprüfen. Für unseren Beratungstermin habe ich zwei Solare berechnet, eines für den Wohnort in Amerika und eines für die Geburtsstadt. Während des Solarjahres kam es zu zahlreichen Konflikten mit seiner Schwester. Im Solarhoroskop für Deutschland stand die Sonne im *dritten* Haus, das den Geschwistern zugeordnet ist; im Solarhoroskop für Amerika befand sich die Sonne jedoch noch im *zweiten* Haus (materielle und finanzielle Angelegenheiten). Bei seinen Aufenthalten in Deutschland war das schwerwiegendste Problem tatsächlich die Auseinandersetzungen mit der Schwester. In Amerika bedrückten ihn die Sorgen, denn es war ihm unmöglich, die finanziellen Angelegenheiten in Deutschland persönlich in die Hand zu nehmen. Immer wieder telefonierte er mit seiner Schwester, um sich über die Lage zu erkundigen.

Einige Horoskopeigner verreisen am Geburtstag, um ein besseres Solarhoroskop für das nächste Jahr zu erhalten und sie hoffen, auf diese Weise ihre privaten oder beruflichen Angelegenheiten positiv zu beeinflussen. Mir erscheint dies unsinnig, denn man müßte mindestens eine Fernreise unternehmen, um überhaupt einen beträchtlichen Unterschied zu erzielen. Ich bin der Ansicht, solche Manipulationen reichen nicht aus, um die in unserer Seele bereits unbewußt vorhandenen Entwicklungen zu verändern – besonders dann nicht, wenn es sich um einen Urlaub handelt, und der Rest des Jahres am eigentlichen Wohnort verbracht wird.

Ich möchte an dieser Stelle ausdrücklich betonen, daß sich durch diesen »Trick«, egal in welches Land wir auch verreisen werden, im Solarhoroskop nur der Aszendent und die zwölf Häuser ändern werden. Die Planeten behalten ihre Solar-Position in den zwölf Tierkreiszeichen bei.

Was wir unbedingt beachten müssen ist die Tatsache, daß ein Solarhoroskop *nur in Verbindung mit dem Radixhoroskop* gedeutet werden kann. Ohne das Grundhoroskop einzubeziehen ist ein für sich allein betrachtetes Solar in der astrologischen Arbeit bedeutungslos. Was im Radixhoroskop nicht enthalten ist, kann auch ein Solar nicht hervorbringen. Wenn wir beide Horoskope aber integrieren, können wir sehr wichtige Auskünfte über die zentralen Themen erhalten, die das Leben des Horoskopeigners ein Jahr lang beeinflussen werden.

Die Solarthematik kann sich als äußeres Ereignis oder in Form von inneren Erfahrungen manifestieren. Das Solar könnte uns aber auch offenbaren, welche Reaktionen unsere Klienten gegenüber jenen Erfahrungen und Ereignissen zeigen werden.

Bei den im Solar vorherrschenden Einflüssen muß es sich nicht unbedingt um handfeste Erlebnisse handeln, die Veränderungen könnten ebenso in unserem Innern stattfinden. Möglicherweise gelangen wir zu neuen Erkenntnissen, die nur ganz allmählich in unser Bewußtsein dringen. Diese Prozesse werden dann von den Transiten ausgelöst, die augenblicklich das Radix beeinflussen.

Nehmen wir zum Beispiel eine Person, die schon seit einer gewissen Zeit unter einem Uranustransit zur Radix-Sonne steht und in sich das Bedürfnis verspürt, die Arbeitsstelle zu wechseln. Bis jetzt hat sie jedoch keine Möglichkeit gesehen, dieses Vorhaben zu verwirklichen. Während des Solarjahres wird diese Veränderung möglicherweise realisiert, denn die Sonne, die den Uranustransit empfängt, steht im Solarhoroskop im 6. Haus oder im Aspekt zum MC. Andererseits könnte dennoch ein Arbeitsplatzwechsel gerade nicht in dem betreffenden Jahr erfolgen. Aber die innere Bereitschaft zur Veränderung ist gewachsen und sie wartet jetzt nur auf eine willkommene Gelegenheit. Wir können in diesem Fall sagen, daß der Horoskopeigner sich zwar noch nicht konkret verändert hat, aber die Entscheidung ist gefallen – er hat »innerlich gekündigt«. Es ist von hier ausgehend gut möglich, daß der große Sprung gewagt wird, falls andere wichtige Transite dazukommen oder wenn im nächsten Solarjahr dynamischere Konstellationen auftreten.

In den Büchern über diese Methode liest man oft, daß ein Solarhoroskop auf Ereignisse hinweist, die den Alltag betreffen, wie zum Beispiel berufliche Veränderungen, Heirat, Umzüge, das Auftreten von Krankheiten usw. Dagegen habe ich in meiner praktischen Tätigkeit als Beraterin festgestellt, daß dieses Verfahren uns nicht nur Auskünfte über konkrete Veränderungen, sondern sehr wohl auch Einblicke in innere Prozesse gibt. Das Solar kann sogar die Wirkung der Transite verstärken oder abschwächen. Wenn wir das Solarhoroskop gemeinsam mit den Transiten deuten, verfügen wir über ein wichtiges Werkzeug zur Untersuchung und zum Verständnis eines entwicklungsreichen Zeitabschnitts im Leben des ratsuchenden Menschen.

Noch eine andere Regel ließ sich feststellen. Mangelt es in einem Jahr an wichtigen Transiten (also den Transiten von äußeren Planeten), dann bleiben die Themen im Solarhoroskop nur auf einer symbolischen Ebene wirkungsvoll, sie verfügen offenbar nicht über genügend Energie, sich zu

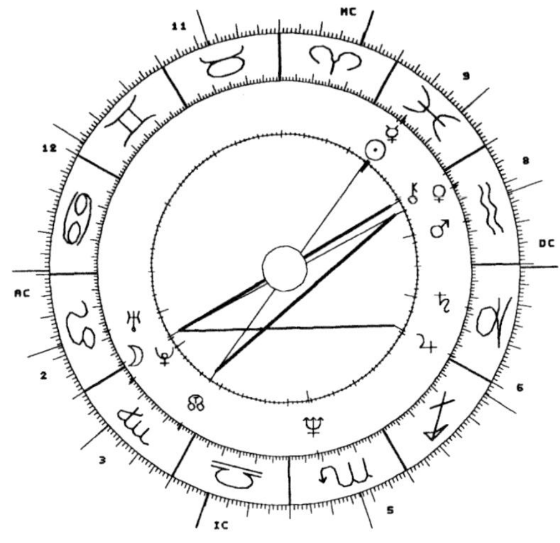

Abbildung 1: Giovanni

manifestieren. Man kann davon ausgehen, daß es sich dann um ein Jahr ohne erhebliche Ereignisse und ohne tiefgreifende Erkenntnisse handeln wird.

Die wichtigen Transite, die am Geburtstag die Radix-Sonne beeinflussen, sind auch im Solarhoroskop wieder zu finden. Betrachten wir hierzu ein Beispiel. Die Sonne im Geburtshoroskop von Giovanni, der am 11. März 1960 geboren wurde, steht auf 20°57' in den Fischen. Im untersuchten Zeitraum 1995/96 finden wir im Solarhoroskop Saturn in einer noch nicht exakten Konjunktion zur Sonne (15°44'). Das Solarjahr wird von dieser Konstellation sehr gekennzeichnet sein. Um nun festzustellen, welche Bedeutung dieser Aspekt im Leben des Geborenen haben wird, müssen wir untersuchen, in welches Radixhaus und in welches Solarhaus diese Konjunktion fällt. In unserem Beispiel handelt es sich um das 3. Solarhaus

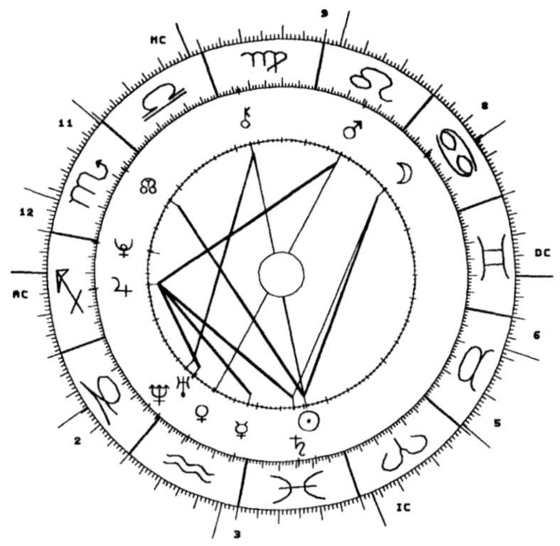

Abbildung 2: Solar Giovanni 1995/96

und das 9. Geburtshaus. Welchen Einfluß könnte dieser Transit im Leben des betreffenden Mannes im Jahr 1995/96 haben? Da ich ihn und seine Lebensumstände aus der Beratung gut kenne, kann ich folgende Prognose aufstellen:

Der Horoskopeigner mit der Sonne im Geburtshoroskop in Konjunktion zum Merkur im 9. Haus ist sehr daran interessiert, seinen Horizont zu erweitern und er liest gerne viel. Er interessiert sich vor allem für Politik (Sonne im 9. Haus). Politisch gehört er einer linksorientierten Partei an und stand bis jetzt den Gewerkschaften immer sympathisierend gegenüber. Im Jahr 1995 hat er sich nun entschieden, einen Fortbildungskurs für Gewerkschafter zu besuchen (Saturn im Transit auf die Sonne/Merkur-Konjunktion im Radix). Er möchte das Thema, das ihm am Herzen liegt, vertiefen und in der Gewerkschaft aktiv tätig werden.

Wie schon oben erwähnt, hatte Saturn am Geburtstag die Position der Sonne noch nicht ganz erreicht, es fehlten noch ca. 5°. Zwischen März 1995 und März 1996 wird Saturn dreimal die Sonne erreichen, nämlich Ende April 1995, Ende September 1995 und Mitte Januar 1996. Jedesmal wenn Saturn in Konjunktion zur Sonne steht, wird der Horoskopeigner sich intensiver mit den Themen beschäftigen, die ihn interessieren, er wird das Gefühl erhalten, seinen Horizont erweitert zu haben und mehr Verständnis für Fragen innerhalb seiner Fabrik entwickeln zu können (Solar-Saturn in Konjunktion zur Sonne und zu Merkur im 9. Radixhaus). Betrachten wir das Solar näher, so könnte die Wirkung der Konjunktion im 3. Haus darin liegen, daß er in diesen Tagen etwas Neues lernen wird; er wird vertiefen, was er bis jetzt nicht richtig bearbeitet oder verstanden hatte.

Im Radixhoroskop von Giovanni finden wir Mars im Wassermann (seine politische Überzeugung) im Sextil zum MC. Diese Konstellation deutet auf die Verwendung der Energie (Mars) im Kampf für die eigene Einstellung (Wassermann) hin. Sobald er aktiv in der Gewerkschaft arbeiten kann, wird er sich verwirklichen, indem er seine Ideen in der Öffentlichkeit vertreten kann.

Die Transite der schnellen und der langsamen Planeten für den Zeitpunkt des Geburtstags bleiben im Solar symbolisch für das ganze Jahr erhalten, auch wenn sie astrologisch gesehen schon vorbei sind. Sie werden gewissermaßen wie auf einer Fotografie festgehalten. Ein Venustransit zur Geburtssonne dauert aktuell nur ein paar Tage, im Solarhoroskop wirkt er ein Jahr lang nach.

Auch ein Transit von Mars zur Sonne dauert nicht allzu lange; der Geborene wird jedoch für das betreffende Jahr ein Anwachsen oder eine Verringerung, vielleicht auch ein Übergewicht der physischen Energie bemerken – je nachdem,

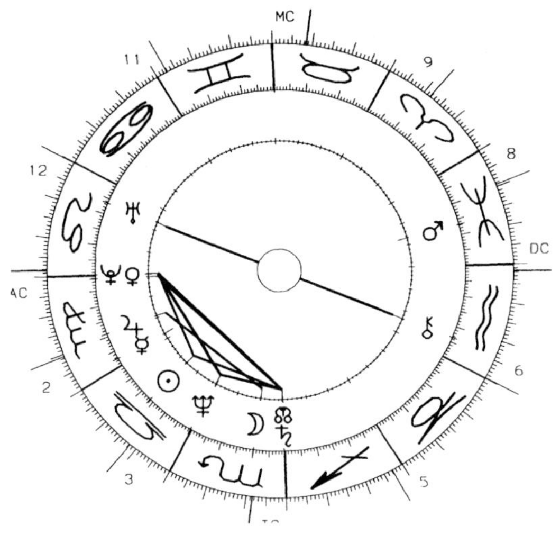

Abbildung 3: Stefano

welche Winkelverbindung Mars bildet. Ein Quadrat drückt sich mit einem Fluß an unbeständiger und aggressiver Energie aus, eine Opposition kann Zeitabschnitte charakterisieren, in denen die physische Kraft abnimmt. Eine Konjunktion kann entweder eine Zunahme oder ein Übergewicht der Energie verursachen – falls die Sonne in einem Marszeichen steht.

Unser nächstes Beispiel zeigt das Horoskop eines Mannes, der aufgrund seiner familiären Verpflichtungen über einen langen Zeitraum hinweg nicht verreisen konnte. Im Jahre 1995 hatte Stefano sich von seiner Frau scheiden lassen, die sich finanziell selbständig machte. Sofort – nach seinem Geburtstag im Herbst 1995 – flog er nach Kuba und verbrachte dort einen zweiwöchigen Urlaub. Für das Solarjahr steht die Solar-Sonne im Sextil zu Jupiter (neue Erlebnisse, die auch mit einer Reise verbunden sein können; Gefühl der wieder-

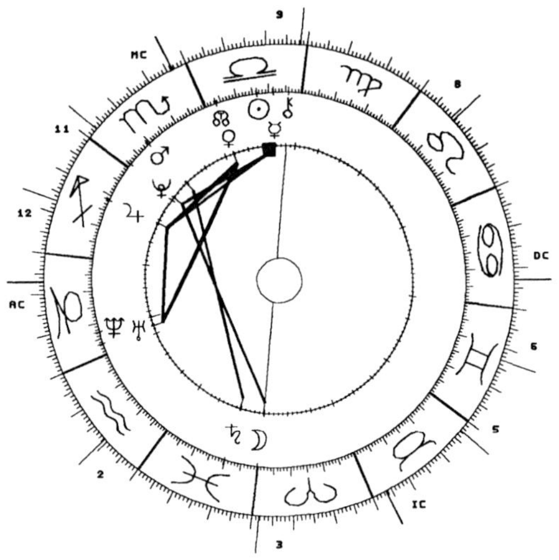

Abbildung 4: Solar Stefano 1995/96

gefundenen Freiheit). Die Aussage von Sonne/Jupiter wird durch die Sonne im 9. Haus verstärkt.

Aus seiner Begeisterung über dieses Erlebnis läßt sich schließen, daß dies im Solarjahr nicht die einzige Reise bleiben wird. Ich möchte ergänzend noch hinzufügen, daß die Sonne im Radixhoroskop des Klienten weitgehend unaspektiert ist. Dies erklärt seine häufigen Momente der Unentschiedenheit (Sonne in der Waage) und Niedergeschlagenheit. Nach der Trennung von seiner Frau war er zunächst sehr deprimiert und hegte wenig Hoffnungen für die Zukunft. Vor seiner Reise im Herbst 1995 war die Depression verflogen. Außerdem schmiedete er schon enthusiastische Pläne für das kommende Jahr. Mit der Konstellation Sonne-Jupiter im Solar und dem Transit Jupiter Sextil Sonne fand er wieder Lebensfreude und sein Selbstvertrauen wuchs.

Die Deutung des Solars in sieben Schritten

Die bisherigen Beispiele befaßten sich nur mit der Deutung der Solar-Sonne, um zu zeigen, wie wir uns orientieren müssen, wenn Transite die Sonne im Geburtstagshoroskop betreffen. Die Interpretation des Solarhoroskopes beschränkt sich aber nicht nur auf die Plazierung der Sonne und deren Konstellationen, es gibt noch weitere wichtige Regeln, die berücksichtigt werden müssen. Wir werden uns nun schrittweise mit allen Punkten beschäftigen, die für die Deutung dieser Methode von Belang sind.

Der *erste Schritt* betrifft – wie wir bereits gesehen haben – die Interpretation der Sonne. Symbolisch stellt die Sonne unsere Lebensenergie dar, die nötig ist, um den Individuationsprozeß zu starten und fortzuführen. Sie veranlaßt uns zur Entwicklung unserer wahren Identität, frei von jeder Falschheit und frei von Zwängen, die aus der Erziehung stammen. Die Aufgabe unserer irdischen Existenz ist es, zu werden, was wir in Wirklichkeit sind – wir lesen dies in jedem modernen Astrologiebuch. Die Sonne entspricht der Triebkraft, die diesen Prozeß ermöglicht. Ohne sie wären wir willenlose und apathische Wesen, wir würden vielleicht nicht einmal existieren können. Ohne die treibende Energie der Sonne wären wir nicht imstande, all jene Charaktereigenschaften, die im Horoskop von anderen Planeten und Aspektkombinationen ausgedrückt werden, zu entwickeln. Ohne die Sonne würde im Horoskop Anarchie herrschen.

Wie alle Helden in den Mythen, werden wir in unserem Leben dazu gezwungen, durch zahlreiche Erfahrungen unsere Persönlichkeit zu formen, zu stärken, abzurunden und flexibler zu gestalten. Die Häuser im Solarhoroskop, in denen sich die Sonne im betreffenden Solarjahr aufhält, zeigen jene Erfahrungsbereiche, die wir brauchen, um den Individuationsprozeß fortzusetzen.

Vergleichen wir unser Leben mit einem Märchen oder mit einem Mythos, dann müssen wir die Erfahrungen, die wir in jedem einzelnen Solarhaus sammeln, als wichtige, aber auch schwierige Aufgabe betrachten, die der Held bewältigen muß, bevor er reichlich belohnt wird.

Die junge Tochter einer Klientin wurde von ihren Eltern außerordentlich verwöhnt, sie war regelrecht faul, weil ihre Mutter sie nie mit der Hilfe im Haushalt »belastet« hat. Die Mutter räumte sogar das Kinderzimmer ihrer Tochter auf, als das Mädchen schon groß genug gewesen wäre, um dies selbst zu erledigen. Von den Eltern wurde das Kind wie eine Prinzessin behandelt (Sonne in Löwe), sie waren die treuen Diener des Kindes. Vor ca. 1 ½ Jahren hatte das Mädchen sich in den Kopf gesetzt, nach England zu fahren, um dort ihre Englischkenntnisse zu verbessern und um der Langeweile in der kleinen Heimatstadt zu entfliehen. Weil die Familie ihr aber den Aufenthalt nicht finanzieren konnte, ist sie als Au-pair Mädchen von einer englischen Familie aufgenommen worden.

Da von einer Erfahrung im Ausland die Rede ist, hätten wir vielleicht erwartet, die Sonne im Solarhoroskop für das besagte Jahr in England im 9. Haus vorzufinden. Sie stand aber tatsächlich im 6. Haus, und dies war – wie wir sehen werden – keineswegs verkehrt.

Die verwöhnte junge Dame erwartete von ihrem Englandaufenthalt Spaß, Konzerte, neue Freundschaften und ein unbeschwertes Studentenleben. Es kam aber überhaupt nicht so, wie sie es sich vorgestellt hatte. Die »Gastgeberin« war nämlich selbst eine verwöhnte und wohlhabende Frau. Sie setzte sich in den Garten und rief das Mädchen per Haustelefon an, um ihr Befehle zu erteilen. Die Tochter meiner Klientin mußte jeden Tag bügeln, waschen, ab und zu kochen, und zweimal am Tag den Hund spazieren führen, bei lediglich bescheidener Bezahlung. Die ersten Monate ihres Aufenthalts war sie nur wütend und frustriert. Jeden Tag sagte sie zu sich selbst, es wäre das Beste, schnell wieder zurück nach Hause zu fahren, aber der wohlbekannte, löwenhafte Stolz ließ dies nicht zu. So lernte sie Tag für Tag und mit viel Mühe, sich um den Haushalt zu kümmern, ein paar Gerichte zu kochen, richtig zu bügeln usw. Alles Fertigkeiten, die ihr später, wenn sie allein wohnen wird und ihr Leben selbst in die Hand nehmen möchte, nützlich sein werden. Das Jahr in England war für sie eine lehrreiche Lektion. Wir neigen dazu, die Erfahrungsbereiche des 6. Hauses fälschlicherweise zu unterschätzen. Zur Meisterung unseres Lebens ist es aber unabdingbar wichtig zu lernen, wie wir praktische, tägliche Angelegenheiten bewältigen können. Um uns selbst zu versorgen und uns als selbständiges Individuum zu entwickeln, müssen wir zur Organisation unseres Alltages in der Lage sein. Wenn wir Hunger haben, können wir nicht immer nur ein Restaurant aufsuchen oder Fertiggerichte aus der Dose auf den Tisch bringen, wir müssen auch lernen, ein schmackhaftes Essen zuzubereiten; wenn wir uns zu Hause wohl fühlen möchten, müssen wir für eine einigermaßen ordentliche Wohnung sorgen, denn ein zu chaotischer Haushalt verhindert Wohlbefinden und das Gefühl von Geborgenheit.

Es ist klar, daß die Sonne während unseres Lebens nicht nur einmal in einem Solarhaus plaziert sein kann. Es ist durchaus möglich, daß sie immer wieder einmal die gleiche Hausposition einnehmen wird. Dies bedeutet, daß jedesmal dieselben Erfahrungsbereiche unter einem anderen und neuen Gesichtspunkt erlebt werden. Oder daß wir die Thematik des betreffenden Hauses jedesmal anders erfahren. Hierzu ein konstruiertes Beispiel: mit der Sonne im 3. Solarhaus können wir unsere Bildung als Schwerpunkt erleben. Wir besuchen Kurse und lernen viel Neues. Zu einem anderen Zeitpunkt, wenn die Sonne wieder einmal im 3. Solarhaus steht, könnte uns die Beziehung zu unseren Geschwistern intensiver beschäftigen. Natürlich hängt dies auch immer von anderen wichtigen Konstellationen, wie z.B. von den Transiten zu den Radixplaneten ab, die wesentliche Themen aktivieren.

Stand die Solar-Sonne in unserer Jugend einmal im 2. Solarhaus, und wiederholt sich diese Plazierung in reiferen Jahren, so wird die Art und Weise, wie wir uns beim zweiten Mal mit der Bedeutung des Hauses auseinandersetzen eine völlig andere sein. Was damals für uns als Jugendliche wertvoll und wichtig war, hat später seine Bedeutung verloren, neue persönliche Werte werden statt dessen in den Vordergrund treten. Im Alter von 30 oder 40 Jahren betrachten wir das Leben mit anderen Augen als in unserer Jugend. Dennoch werden bei jeder erneuten Plazierung der Sonne im 2. Solarhaus die Auseinandersetzungen mit den persönlichen Werten und die Entdeckung der eigenen Talente für unsere Entfaltung wieder wichtig und notwendig. Die Art der Konfrontation mit diesen Themen variiert jedoch entsprechend unserem Alter.

Die Sonne fordert in den verschiedenen astrologischen Bereichen unseren Willen heraus oder läßt uns lernen, ihn zu mildern, je nachdem wie sie aspektiert wird. Wenn wir die Sonne im 7. Solarhaus im Trigon zu Mars haben, sind wir angespornt, uns von dem Partner oder der Partnerin unabhängig zu machen, unseren Wille innerhalb der Beziehung durchzusetzen, unsere Individualität zu bewahren, und vielleicht, wenn unsere Lebensgefährten uns zu unterdrücken versuchen, die eigene Selbstverwirklichung außerhalb der Partnerschaft zu suchen. Wenn nun aber die Solar-Sonne im 7. Haus einen Aspekt von Neptun empfängt, wird der befriedigende Weg nicht jener der forschen Egozentrik sein, sondern eher einer, der zu romantischer Verschmelzung mit dem Gegenüber und zur Hingabe führt. Wir werden darauf verzichten müssen, in jeder Situation die Oberhand zu bekommen und statt dessen lernen müssen, unsere Verletzlichkeit anzunehmen.

Wie der Leser bestimmt den bisherigen Beispielen entnehmen konnte, zeigen die Winkel der Solar-Sonne unsere Reaktionen und unser Verhalten während der Erfahrungen, die von den jeweiligen Häusern (Solar oder Radix) charakterisiert werden. Diese Konstellationen können als Herausforderungen, als Hemmungen, als Belohnung für unsere Mühe oder als Frustration erlebt werden. Die Winkelverbindungen der Sonne wirken als harmonisierende, als hemmende oder als dynamische Energie. Die Sonne im Solar liefert ferner auch Auskünfte über unseren Gesundheitszustand. Sie zeigt an, in welchem Maße physische Energie vorhanden ist.

Thomas wurde mit einem Herzfehler geboren und in seinem kurzen Leben mußte er schon dreimal operiert werden. Durch seine Krankheit war er immer sehr eingeschränkt, er durfte sich nicht wie andere Kinder austoben, sollte sich nicht überanstrengen und mußte immer Rücksicht auf seinen Zustand nehmen. Wie wir im Radix ersehen können, steht die Sonne in seinem Horoskop dominant in Konjunktion zum MC, aber sie ist überschattet von schweren Spannungen: sie befindet sich im Quadrat zu Saturn (Verengung der Arterien) sowie im Quadrat zu Chiron (physisches Leiden). Saturn ist außerdem mit drei weiteren Planeten (Mars, Neptun und Uranus) im 6. Haus (Gesundheit) plaziert und Chiron steht im 12. Haus (Erlebnisse im Mutterleib).

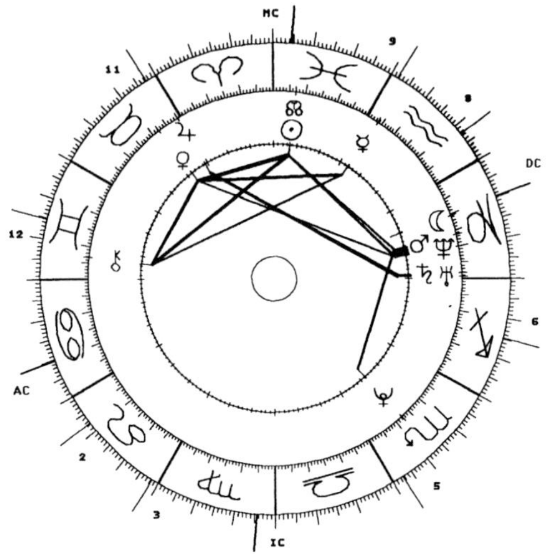

Abbildung 5: Thomas

Seine Mutter suchte die Beratung auf, weil sie aufgrund der Krankheit ihres Sohnes unter Schuldgefühlen litt. Sie hatte bereits zwei große Kinder und – als Sozialhilfeempfängerin – wurde das dritte Kind für sie zur Last. Als sie schwanger wurde, war sie äußerst unglücklich und lehnte das ungeborene Leben neun Monate lang ab. Nachdem Thomas aber zur Welt gekommen war, ist die Liebe zu ihm doch gewachsen. Nun löste seine Krankheit in der Mutter einen Schuldkomplex aus. Ihr Gewissen beunruhigte sie, weil sie glaubte, daß Thomas durch die mütterliche Ablehnung mit einem gebrochenen Herzen zur Welt kam.

Wir werden uns hier nicht eingehender mit dieser Problematik der Mutter und ihrem leidvollen Leben beschäftigen. Aber man kann annehmen – ohne die Mutter damit verdammen zu wollen –, daß Thomas ihre Zurückweisung im

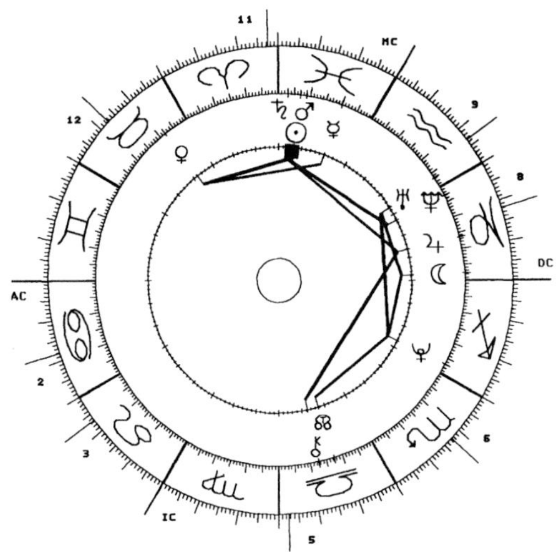

Abbildung 6: Solar Thomas 1996/97

Mutterleib registriert und gespürt hat; ob sein Herz bereits im Mutterleib erkrankte, weiß man nicht, ich halte es aber für durchaus möglich. In diesem Zusammenhang möchte ich auch an den Mythos von Chiron erinnern. Dieser wurde von seiner Mutter sofort nach der Geburt abgelehnt, weil sie sich vor ihm ekelte, als sie sah, daß er halb Mensch, halb Pferd war. Chiron erfuhr seine erste Verletzung durch die mütterliche Zurückweisung. Der Chiron-Mythos enthält auch etwas Schicksalhaftes: die Wunden, die wir in uns tragen, können uns bereits vor der Geburt zugefügt werden – wie im Fall von Thomas. Dieses Kind ist schon verletzt auf dieWelt gekommen, ohne daß es sich wehren konnte, denn die gesamte familiäre Situation führte zur Verneinung der Schwangerschaft. Es ist gut vorstellbar, daß dieses Kind mit einer Sonne/Chiron-Verbindung und vier Planeten im

6. Haus, durch die Fische-Sonne verstärkt, später prädestiniert sein wird, leidenden Mitmenschen zu helfen, indem es einen heilenden Beruf ergreift.

Im Solarjahr 1996 wird Thomas zum vierten Mal operiert werden, der Eingriff wird durch die Sonne/Mars-Konjunktion im Solar symbolisiert. Beide Planeten werden im Solarhoroskop durch Saturn gut aspektiert. Die Sonne steht außerdem (wie schon im Geburtshoroskop) im 10. Solarhaus, dem Haus am Zenit, in welchem die Energie am stärksten vorhanden ist. Saturn, der als hemmende Kraft gilt, ist durch ein Sextil zu Uranus und ein Sextil zu Neptun aspektiert. Ich nehme an, daß das Kind gute Aussichten hat, die mit dem Eingriff verbundenen Probleme zu bewältigen, da seine Lebensenergien nicht von schwierigen Gestirnständen blockiert werden.

Beim *zweiten* Schritt müssen wir den Solar-Aszendenten in unsere Untersuchung einbeziehen. Das Radixhaus, in welches der Solar-AC fällt, wird eine wichtige Stellung für die Deutung einnehmen.

Der Solar-Aszendent färbt unser Verhalten für das jeweilige Jahr und zeigt uns, auf welche Weise wir uns dem Leben mit allen seinen Herausforderungen stellen. Er charakterisiert auch unser Temperament für das Jahr und – zusammen mit der Deutung des Radix-Aszendenten –liefert er uns interessante Hinweise für die Art und Weise unserer Entfaltung, denn er wirkt als Bereicherung für die angeborenen Eigenschaften unseres Wesens (Radix-Sonne, Radix-AC). Nehmen wir an, jemand hat einen Löwe-Aszendenten im Geburtshoroskop und ist es somit gewohnt, sich sehr leidenschaftlich in den Mittelpunkt zu stellen. Im Solar fällt der Aszendent nun aber in die Jungfrau; der Geborene wird lernen, sich ein bißchen zurückzunehmen, mehr Rücksichtnahme für die Ansichten seiner Mitmenschen aufzubringen, und vor allem kann er die kreative Energie des Löwen für praktische Angelegenheiten nützen. Sein Temperament verliert einen Teil seiner Leidenschaftlichkeit, der Horoskopeigner wird nicht unmittelbar und stürmisch auf die Herausforderungen des Lebens reagieren, sondern er wird systematischer als sonst vorgehen. Was er dabei lernen wird, verschwindet aber keinesfalls wieder nach einem Jahr – sobald das Solar seinen Einfluß verliert – sondern die erworbenen Erfahrungen bleiben erhalten und bereichern die Persönlichkeit. Der AC ist zuständig für die Stimmung und die Wirkung, die wir in unsere unmittelbare Umgebung ausstrahlen. Eine Person mit dem Solar-AC in der Waage wird seine Mitmenschen durch eine ruhige und gelassene Haltung angenehm überraschen, besonders wenn er normalerweise eher nervös und impulsiv auftritt.

Hierzu ein Beispiel aus eigener Erfahrung Gewöhnlich höre ich am liebsten Opern mit sehr viel Dramatik. Als sich vor einem Jahr mein Solar-Aszendent in der Waage befand, habe ich sehr viel ruhige und sanfte Musik gehört und ich fühlte mich dabei entspannt und ausgeglichen. Wenn ich heute nervös bin oder unter Streß stehe, lege ich wieder diese Musik auf und die Entspannung kehrt sofort wieder zurück.

Symbolisch entspricht dem Aszendenten der Augenblick der Geburt. Ich habe oft festgestellt, daß die Horoskopeigner eine Art Wiedergeburt erleben, wenn die äußeren Solarplaneten (ab Jupiter) in Konjunktion zum Solar-AC stehen.

Ein Solar-Aszendent im Skorpion kündigt für das bevorstehende Jahr ein Absterben von Altem und zugleich eine neue Lebensphase an. Ein Solar-Aszendent im Widder kann einen Neubeginn in unser bisheriges Leben bringen. Es ist dabei jedoch wichtig, die großen Transite oder die kosmischen Zyklen im Radixhoroskop zu betrachten und für die

Untersuchung heranzuziehen, um zu einer richtigen Einschätzung zu gelangen.

Wenn wir für das Solarjahr einen Aszendenten im Skorpion haben, und Pluto gleichzeitig im Transit ein Trigon zur Radix-Sonne formt oder wir uns in dem Alter befinden, in dem der laufende Pluto ein Quadrat zu seiner eigenen Radix-Stellung bildet, dann können wir mit Sicherheit mit einem symbolischen Tod und einer Wiedergeburt rechnen. Das Haus im Radixhoroskop, in welches der Solar-AC fällt, ebenso jenes Haus im Geburtshoroskop, durch welches der transitierende Pluto läuft sowie das Haus, in dem die Geburtssonne plaziert ist, werden uns Auskünfte darüber geben, in welchen Bereichen unseres Lebens die Veränderungen stattfinden werden.

Nehmen wir an, im Geburtshoroskop einer Frau fällt der Solar-AC in Skorpion in das 4. Radixhaus, der laufende Pluto befindet sich im Schützen im 5. Haus und bildet ein Trigon zur Radix-Sonne im 9. Haus, was für Veränderungen könnten in ihrem Leben auftreten? Es könnte sein, daß ihre Kinder (Pluto-Transit durch das 5. Haus) gerade volljährig geworden sind und die elterliche Wohnung verlassen. In ihrer Familie (Solar-AC im 4. Radixhaus) ergeben sich Veränderungen, da die Kinder jetzt nicht mehr zu Hause leben. Die Frau möchte nun die Gelegenheit nutzen, für sich etwas Gutes zu tun; etwas, was sie früher als viel beschäftigte Mutter nicht unternehmen konnte. Sie wird vielleicht endlich einmal wieder verreisen und sich nach vielen Jahren einen Urlaub im Ausland gönnen. Es könnte aber auch sein, daß sie anfängt, sich mit Dingen zu beschäftigen, die ihren Horizont erweitern, indem sie z.B. Seminare und Vorträge besucht. Ihre gesamte Weltanschauung könnte sich dadurch verändern und ein neuer Sinn in ihrem Leben auftauchen (Radix-Sonne im 9. Haus).

Nachdem wir den Solar-AC untersucht haben, müssen wir den Aszendentenherrscher in die Deutung einbeziehen, dies ist *der dritte Schritt.* Die Hausposition des Aszendentenherrschers und die Aspekte, die er bildet, geben uns weitere wichtige Hinweise über die Entfaltungsmöglichkeiten unserer Persönlichkeit. Wir müssen sofort feststellen, in welchem Haus im Geburtshoroskop er steht. Nehmen wir zum Beispiel einen Solar-AC im Krebs bei einem Radix-Mond im 2. Haus des Geburtshoroskopes. Für das Solarjahr werden Themen betont, die mit dem Mond im 2. Haus zusammenhängen: Materielle Angelegenheiten können für das Wohlbefinden von Wichtigkeit sein. Er wird nach finanzieller und emotionaler Sicherheit streben.

Für unsere Arbeit ist es auch entscheidend, die Hausposition und die Aspekte des Aszendentenherrschers im Solarhoroskop zu untersuchen. Hierzu ein Beispiel: Solar-AC in Krebs, Radix-Mond im 2. Haus und Solar-Mond im 6. Solarhaus. Um die materielle Sicherheit, die er anstrebt, zu erreichen, muß der Horoskopeigner sich dieses Jahr um eine sichere Arbeitsstelle bemühen. Ich rate, nicht nur die neuen, sondern auch die alten Herrscher in die Deutung einzubeziehen, also Saturn und Uranus für Wassermann, Neptun und Jupiter für Fische und Mars und Pluto für Skorpion.

Silvio lebte 17 Jahre lang in Rom, wo er als Tänzer arbeitete. Er ging oft auf Tournee mit der Tanzgruppe. Anfang 1995 ist der Choreograph der Truppe einem Herzinfarkt erlegen und das Ensemble hat sich aufgelöst (Transit Neptun Quadrat Radix-Venus). Im Alter von 37 Jahren ist es für ihn sehr schwierig gewesen, wieder als Tänzer einen Vertrag zu finden. Nach einigen Monaten der Verzweiflung hat er sich entschlossen, die große Stadt zu verlassen und wieder bei seiner Mutter in seinem Geburtsort zu wohnen. Im Solar-

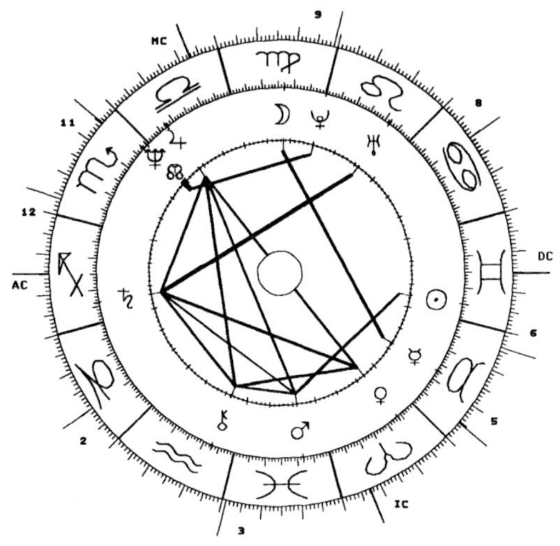

Abbildung 7: Silvio

jahr 1995/96 befindet sich der Solar-AC in Skorpion, Pluto der neue Herrscher, steht in Konjunktion dazu und gleichzeitig im Quadrat zu Mars, dem Mitherrscher des Skorpionzeichens. Diese Konstellation deutet auf den Neubeginn hin, der von äußeren Umständen erzwungen wurde. Silvio mußte Abschied von seinem alten Leben nehmen und als Fremder in sein Dorf zurückkehren, um dort zu versuchen, eine neue Existenz aufzubauen. Ein neuer Zeitabschnitt steht ihm bevor und er wird einige Jahre benötigen, um sein Leben wieder zu gestalten: Pluto und Uranus werden in absehbarer Zeit nämlich seine Geburtssonne transitieren (Pluto in Transit-Opposition zur Sonne, Uranus im Transit-Trigon zur Sonne). Das Solarjahr 1995/96 wird sicher nicht einfach für ihn werden, aber er hat immerhin schon zwei Teilzeitjobs gefunden, nämlich als Tanzlehrer in

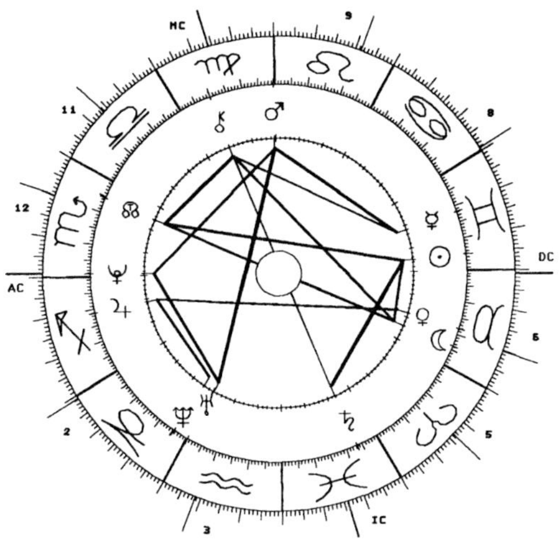

Abbildung 8: Solar Silvio 1995/96

einer privaten Tanzschule und als Fotograf in einem Fotogeschäft. Außerdem möchte er seine Bilder, die er in der Freizeit fotografiert, ausstellen und Zeitschriften zur Veröffentlichung anbieten.

Die harte Plazierung der Sonne im Solarhoroskop im 7. Haus mit Pluto-Opposition, Mars-Quadrat und Jupiter-Opposition läßt Beziehungsschwierigkeiten vermuten. Tatsächlich ist er seit 15 Jahren mit einem Mann befreundet. Sein Freund ist in Rom geblieben und es war ihm nicht möglich, sich als Lehrer in die Nähe von Silvio versetzen zu lassen; das Jahr 1995/96 wird ihre Liebesbeziehung auf eine schwere Probe stellen. Der Solar-Aszendent fällt in das 12. Radixhaus, was für mich die Bedeutung hat, daß er sich, weit weg von seinem Freund und von dem Leben in Rom, einsam fühlen wird.

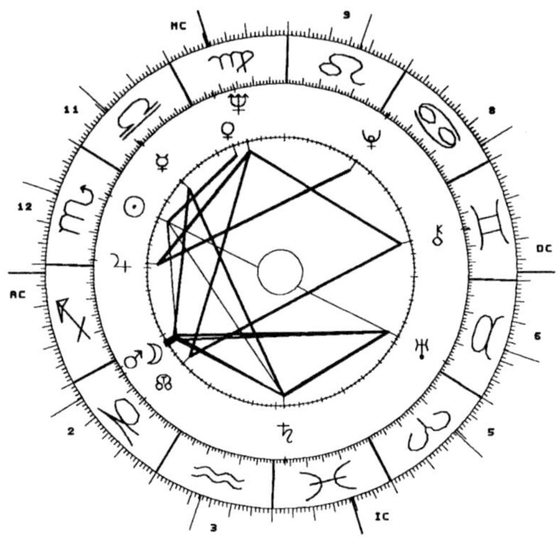

Abbildung 9: Carla

Ich möchte noch zwei Konstellationen anführen. Der laufende Saturn steht im Quadrat zum Radix-Saturn und in Konjunktion zum Radix-Mars. Dies zeigt die Hindernisse an, die er vorfand, als er in Rom eine neue Anstellung als Tänzer zu finden versuchte; sein Alter (Saturn) war hinderlich. Pluto im Transit-Quadrat zum Radix-Pluto ist als kosmischer Zyklus zu betrachten. Diese Konstellation ergibt sich in der Lebensmitte und symbolisiert ebenfalls beträchtliche Veränderungen.

Falls sich in einem Jahr der Radix-AC im Solar wiederholt, so wird dies ein sehr wichtiges Jahr werden, weil wir dadurch die Möglichkeit erhalten, das Wesen unseres Aszendenten zu vertiefen und besser zu verstehen. Die Eigenschaften unseres Aszendenten sind meist nicht sofort erkennbar, oft muß man erst die Mitte des Lebens erreichen, um ganz bewußt unseren

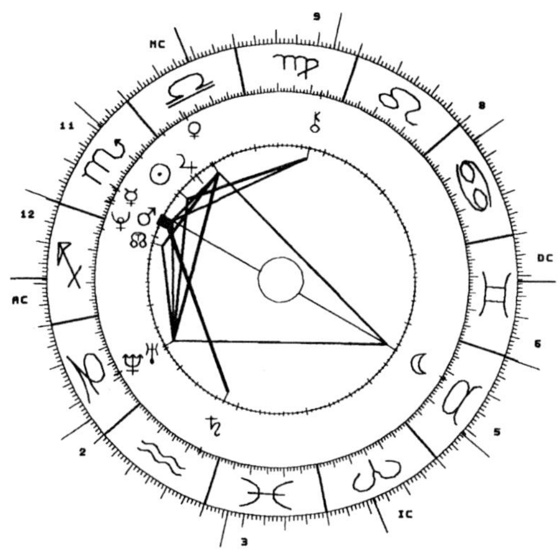

Abbildung 10: Solar Carla 1993/94

Aszendent in die Persönlichkeit integrieren zu können. Jedesmal wenn wir mit dem Solar-AC konfrontiert werden haben wir aber die Möglichkeit, die Schattierungen des Radix-Aszendenten näher kennenzulernen.

Carla spielte in ihrer Jugend mit Erfolg Theater und sie war in ihrer Heimatstadt eine beliebte Darstellerin. Ihr schauspielerisches Talent läßt sich im Geburtshoroskop an der Konstellation Jupiter in Konjunktion zum Schütze-Aszendenten ablesen. Als sie heiratete, mußte sie das Theater aufgeben, weil ihr Mann ein eigenes Geschäft führte und sie in das Familienunternehmen einsteigen sollte. Für sie bedeutete dies einen schweren Verzicht. Erst im Jahr 1993 hat sie wieder mit einer Gruppe von Senioren ein Stück einstudiert, welches mit Erfolg an der städtischen Bühne aufgeführt worden ist. Sie wurde gefeiert und durch diesen guten Neuanfang motiviert, weiterzumachen. Im Solarjahr 1993/94 stand der Solar-Aszendent wieder im Zeichen Schütze und Jupiter als Herrscher des Aszendenten befindet sich im 10. Haus (Öffentlichkeit, Anerkennung). Seit ihrer Rückkehr zur Bühne fühlt sie sich wie neu geboren, sie ist voller Energie und Lebensfreude und hat damit ihre sie lange Jahre quälende Depression überwunden.

Als *vierten Schritt* müssen wir die aufsteigenden und die dominanten Planeten untersuchen. Alle Planeten, die in Konjunktion zum Solar-Aszendenten stehen, nehmen einen besonderen Einfluß auf das Jahr.

Befindet sich beispielsweise Uranus am AC, können wir damit rechnen, daß unsere Selbstfindung sehr offen, unkonventionell und aufregend sein wird. Wenn der Aszendent mit Uranus-Konjunktion aber im Steinbock steht, können wir sehr konkret oder konsequent vorgehen und dabei unseren Ideenreichtum in einer originellen Weise verwirklichen. Wir werden Sicherheit brauchen und trotzdem offen bleiben für das Neue und das Unerwartete.

Sind wir unserer Veranlagung nach unbestimmt und flatterhaft oder neigen dazu, der Verantwortung auszuweichen, werden wir einen Saturn am Solar-Aszendenten gut gebrauchen können, um mehr Struktur und Verantwortungsgefühl in unser Leben zu bringen. In diesem Solarjahr können wir Ausdauer und Disziplin üben. Mit dem Solar-Aszendenten im Steinbock oder Saturn in Konjunktion zum Solar-AC ist die Zeit gekommen, zu ernten, was wir in der Vergangenheit gesät haben. Unsere Anstrengungen können belohnt werden, aber wenn wir in den letzten Jahren zu wenig an uns gearbeitet haben, ist die Zeit jetzt reif, etwas nachzuholen, was sich als sehr anstrengend erweisen kann.

Ich halte es darüber hinaus für wichtig, auch die Planeten, die in Konjunktion zum MC, DC oder IC stehen und jene

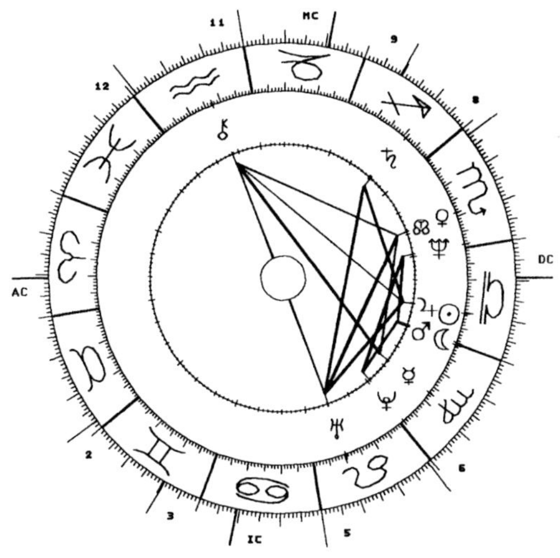

Abbildung 11: Ilse

Planeten, die Aspektverbindungen zu den vier Hauptachsen bilden, zu berücksichtigen.

Ilse konnte sich nicht an ihre Vergangenheit erinnern; sie hat keine faßbaren Erinnerungen an ihre Kindheit. Im Radixhoroskop fällt der Mond in der Jungfrau im 6. Haus und in Konjunktion zur Sonne und zum Mars auf. Ich habe oft schon festgestellt, daß Mars in enger Konjunktion zum Mond Erinnerungen, Träume und Empfindungen vernichtet. Dieser Planet ist zu feurig und aggressiv für den empfindlichen Mond. Es ist als ob eine Art Kombustion stattfinden würde, die alles in Asche verwandelt. Eine Plazierung des Mondes in der Jungfrau und im 6. Haus scheint keine günstige Position für die Entfaltung der mondhaften Eigenschaften zu sein. Die Fähigkeit zur Erinnerung, zum Loslassen der Verstandeskontrolle und zum Schwelgen in Gefühlen ist beeinträchtigt.

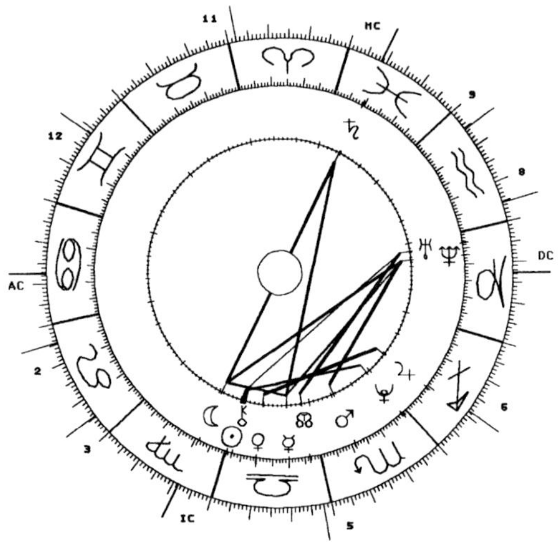

Abbildung 12: Solar Ilse 1995/96

Das Solarjahr 1995/96 scheint mir für Ilse sehr wichtig zu sein, denn Sonne und Mond stehen in Konjunktion zum IC (die Vergangenheit, die Kindheit) und bilden ein Sextil zum AC. Diese Konjunktion wird im Solarjahr als bedeutendste Konstellation wirken. Vor sieben Jahren wollte Ilse bei einem sehr bekannten und geschätzten Psychotherapeuten eine Therapie beginnen, aber es gelang ihr nicht, denn er hatte damals keine Termine frei. 1995 hat sie es jedoch erneut versucht. Sie spürt, daß er die richtige Person ist, die ihr helfen wird, wieder Zugang zu ihrer eigenen Vergangenheit zu finden.

Dies wird nicht ohne Aussicht auf Erfolg sein. Der laufende Pluto im Sextil zur Radix-Konjunktion von Sonne, Mars, Mond und Jupiter wird die Aussage der Sonne/IC-Konjunktion im Solar verstärken. Pluto wird seine Ausgrabungsarbeit effektiv und gründlich ausführen. Ihr Solarhoroskop zeigt noch andere dominante Konstellationen: Uranus/Neptun am Deszendenten, im Sextil zum MC und im Trigon zu Sonne/Mond; Saturn am MC und in Opposition zum Mond. Wenn langsame Planeten im Solarhoroskop dominant sind, entspringt aus ihnen eine machtvolle Energie, die sehr viel in Bewegung setzen kann. Es könnte sein, daß sich im Leben von Ilse in diesem Jahr viel verändern wird. Sie ist Witwe ohne eine feste Beziehung und arbeitet nicht. Uranus im 7. Haus im Trigon zur Sonne und zum Mond könnte unerwartet eine neue Partnerschaft bewirken. Saturn könnte dafür sorgen, daß sich in beruflicher Hinsicht allmählich wieder eine Perspektive ergibt.

Damit kommen wir zum *fünften Schritt*. Jetzt müssen wir alle Konstellationen untersuchen, die sich im Radix und im Solar wiederholen. Dabei ist es wichtig zu wissen, daß alle Planetenverbindungen gelten, ohne Unterscheidung nach den jeweiligen Aspekten. Steht im Radixhoroskop Mars im Quadrat zu Saturn, dann gilt es auch als Wiederholung, wenn Mars im Solar ein Sextil mit Saturn bildet. In diesem Fall wird der Horoskopeigner lernen, sich mit der Energie von Mars/Saturn konstruktiv auseinanderzusetzen. Ihm wird die Möglichkeit geboten werden, beide Kräfte auf eine schöpferische Art miteinander zu verbinden und sie in seine Persönlichkeit zu integrieren. Falls der Geborene sich aus Angst vor Versagen immer scheute, sich den großen Proben des Lebens zu stellen, so kann er in dem Solarjahr, in dem eine günstige Konstellation zwischen den beiden Planeten vorhanden ist, lernen, mehr Mut zu entwickeln und sein Durchsetzungsvermögen zu stärken. Durch das Erstellen von genauen Richtlinien und langfristigen Plänen, vor allem aber durch das tatsächliche Erreichen der gesteckten Ziele, wird er mehr Vertrauen in seine eigenen Fähigkeiten gewinnen.

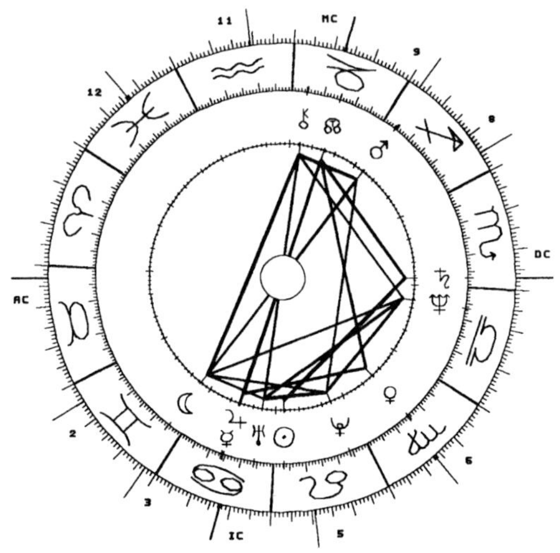

Abbildung 13: Daniel

Ist nun aber das Gegenteil der Fall – sprich Mars und Saturn bilden im Radixhoroskop eine harmonische Konstellation und sind im Solar durch einen Spannungswinkel verbunden – dann wird er im untersuchten Jahr mehr Mühe aufwenden müssen, um sich durchzusetzen und seine Energie auf eine nützliche Weise zum Ausdruck bringen zu können.

Seit ich meinen besten Freund Daniel kenne, hat er sich immer um eine neue und bessere Wohnungsmöglichkeit bemüht. Er ist unzählige Male umgezogen und besitzt inzwischen schon zwei Häuser und eine Eigentumswohnung. Als wir uns vor 18 Jahren kennengelernt haben, war Daniel bereits damit beschäftigt, seinen Umzug nach Rom zu organisieren. Ich denke noch mit Vergnügen an seinen Fiat 500, der mit allen seinen Habseligkeiten vollgepackt war. Das Auto war so schwer beladen, daß das Fahrgestell fast den Boden

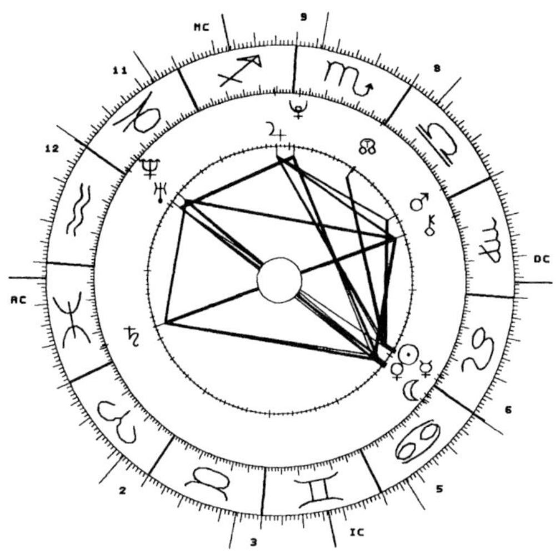

Abbildung 14: Solar Daniel 1995/96

streifte. Daniels Radix-Sonne befindet sich im 4. Haus in Konjunktion zu Uranus. Ein Buch würde nicht ausreichen, wollte man sein bewegtes Leben beschreiben und erzählen auf welche Weise er an das Geld gelangte, um sich zwei Häuser in der Nähe von Rom und die Wohnung in unserer Stadt kaufen zu können. Es wäre für die Studenten der Astrologie sicher interessant, einen genauen Bericht über das unruhige Leben dieses Uraniers zu erhalten, um das Wesen dieses Planeten besser verstehen zu können. Auf jeden Fall ist sein Leben sehr von Höhen und Tiefen gekennzeichnet, die plötzlich und unerwartet auftreten.

Im Solarjahr 1995/96 bildet die Sonne wieder einen Aspekt zu Uranus, der damit die Konstellation im Transit wiederholt. Die Solar-Sonne ist im 6. Haus plaziert. Daniel ist seit ein paar Jahren arbeitslos. Sein Partner sorgt für den Lebensunterhalt, das Geld ist aber knapp geworden und sie sind gezwungen, ein Haus auf dem Land zu verkaufen, um sich eine Wohnung in Rom zu finanzieren, in der Daniel eine neue Tätigkeit anfangen kann. Er ist gelernter Masseur und hat eine zusätzliche Ausbildung in Fußreflexzonenmassage abgeschlossen. Er hofft in Rom mehr Patienten zu bekommen als auf dem Land. Die Opposition zwischen Sonne und Uranus zeigt diese unerwartete Wendung an. Er muß sich von seinem schönen großen Haus in der Natur trennen, um beruflich vorankommen zu können (Sonne im 6. Haus). In seinem Fall habe ich – um Hinweise auf die finanzielle Situation zu erhalten – untersucht, welche Rolle der Herrscher des 2. Hauses im Solar spielt. Das 2. Haus steht im Widder, folglich ist Mars der Herrscher. Dieser Planet steht im 7. Haus und bildet ein Trigon mit Uranus und ein Sextil zur Sonne. Ich denke, daß Daniel das Haus verkaufen und das nötige Geld zusammenbringen wird, um sein Vorhaben in Rom zu verwirklichen. Eine Tante hat ihn schon dieses Jahr finanziell unterstützt (Mars im 8. Haus = das Geld anderer). Unmittelbar nachdem er seine Entscheidung (das Haus zu verkaufen) getroffen hatte, fühlte er sich wieder voller Energie: Der Uranier in ihm ist wieder lebendig!

In unserem nächsten Beispiel wiederholen sich drei Konstellationen. Sowohl im Radixhoroskop als auch im Solarhoroskop bildet die Sonne ein Quadrat zu Jupiter und Venus ein Sextil zu Jupiter. Während Venus im Geburtshoroskop ein Sextil zu Saturn einnimmt, steht sie im Solar in Konjunktion mit Saturn. Das Jahr 1977/78 war für Peter sehr bewegt. Er trennte sich von seiner Freundin und wenige Monate später lernte er seine jetzige Frau kennen. Chiron, der Planet der schmerzvollen Erfahrungen, steht in Konjunktion zu dem Deszendenten (feste Partnerschaften) und bildet ein Quadrat mit dem Mond am IC, eine weite Opposition zu

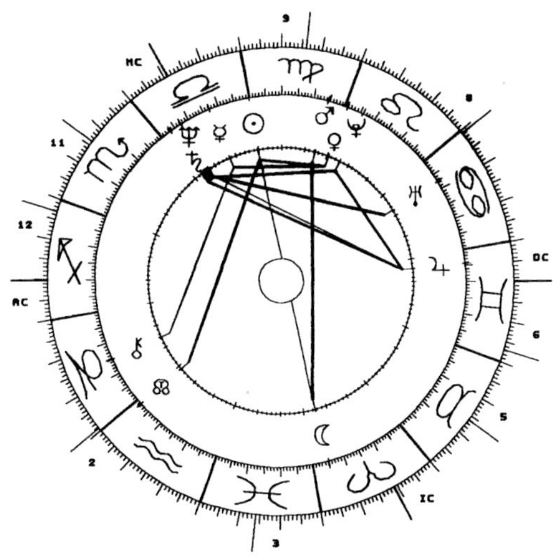

Abbildung 15: Peter

Uranus und ein Quadrat zum MC. Die Trennung von der Freundin war sehr schmerzhaft, weil diese Partnerschaft und deren Ende – wie bei Chiron oftmals üblich – sehr tiefe Wunden in seinem Herzen hinterließ. Um diesen Schmerz zu lindern, ließ er sich von Freunden dazu überreden (Solar-Sonne im 11. Solarhaus = die Freunde), mit ihnen einen Urlaub im Ausland zu verbringen (Sonne im 11. Haus Quadrat Jupiter im 9. Haus). Zunächst sträubte er sich gegen den Gedanken, ist aber schließlich doch mitgefahren. Auf dieser Reise traf er die Frau seines Lebens (Venus Konjunktion Saturn und Sextil AC). Auch Venus im Sextil zu Jupiter deutet auf die neue Begegnung hin. Da seine Frau Ausländerin ist, ist diese Konstellation im Solar sehr passend.

Noch ein Hinweis hierzu: Gegen Ende des Solarjahres ist seine neue Freundin nach Deutschland gekommen, um hier

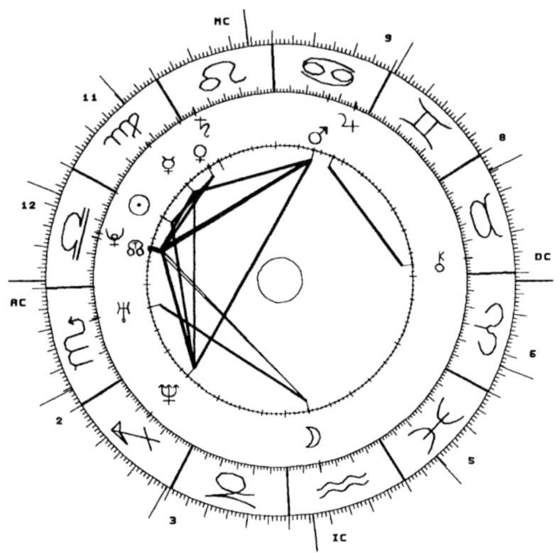

Abbildung 16: Solar Peter 1977/78

zu leben. Da das MC und die Häuserspitzen sich im Solar um ungefähr 90° pro Jahr vorwärts bewegen, symbolisiert der AC im Solar den Beginn des Jahres und der IC beziehungsweise das 4. Haus zeigen, wie das Jahr enden wird. Der Mond steht im Solarhoroskop von Peter in Konjunktion zum IC. Als seine Freundin nach Deutschland kam, zogen sie gemeinsam in eine neue Wohnung ein.

Ein weiterer wichtiger astrologischer Faktor muß einbezogen werden. Im Solarhoroskop von Peter standen Sonne und AC in der Waage. Stimmen Aszendent und Sonnenzeichen überein, sind in dem fraglichen Jahr voraussichtlich wichtige Veränderungen oder tiefgehende Bewußtseinsumwandlungen zu erwarten. Der Einfluß der Sonne wird durch den Aszendenten verstärkt und ihre Energie kann sich besser und müheloser entfalten, besonders wenn die Sonne direkt am AC steht. Die Persönlichkeit kann aber auch sehr selbstzentriert sein, da die eigenen Veranlagungen ganz ausgelebt werden können. Selbstentdeckung wird ein Thema sein, weil der Horoskopeigner nach Verwirklichung der eigenen Einzigartigkeit strebt und sich besser verstehen und kennenlernen möchte.

Steht die Solar-Sonne im 1. Haus, fängt für den Geborenen meistens ein neuer Lebensabschnitt an. Falls die Solar-Sonne jedoch noch im 12. Solarhaus plaziert ist, geht ein alter Lebensabschnitt zu Ende. Bevor ein neuer Lebenszyklus anfangen kann, wird der Horoskopeigner sich gezwungen fühlen, Überholtes abzugeben, um Platz für neue Erlebnisse zu schaffen. Das Bedürfnis, sich zurückzuziehen ist eine wichtige Manifestation in diesem Solarjahr. In der Einsamkeit werden die Kräfte für die bevorstehenden Veränderungen gesammelt.

Im Zusammenhang mit Konstellationen, die sich wiederholen, müssen wir auch die Planetenplazierungen als solche betrachten. Planeten, die ihre Ausgangsposition im Solar erneut innehaben, sind als wichtig zu betrachten. Für unsere Interpretation wird das Haus, das ein Planet im Solar besetzt, bedeutungsvoll. Dabei kann ein Orbis von bis zu 3° angenommen werden. Steht Venus im Radixhoroskop auf 16° Steinbock, können wir im Solar eine Venus auf 12° oder auch auf 19° Steinbock noch als Wiederkehr mit in Betracht ziehen.

Bevor wir uns dem nächsten Schritt zuwenden, möchte ich darauf hinweisen, daß einige Astrologen auch das Haus, das Zeichen und die Aspekte des Solar-Mondes und der Solarplaneten bis Mars deuten. Ich folge diesem Vorgehen nur dann, wenn Mond, Merkur, Venus und Mars im Solar dominant sind oder wenn sie Aspekte zur Sonne bilden (z.B. Merkur Konjunktion zur Sonne, Venus Konjunktion oder Sextil zu Sonne). Hierzu einige Beispiele aus Solarhoroskopen.

Sonne im 4. Haus in Trigon zu Mond im 8. Haus: Das Jahr wird von dem Bedürfnis geprägt, die eigenen Emotionen und Gefühle zum Ausdruck zu bringen. Es könnte sein, daß die Gefühle, die schon seit der Kindheit (Sonne im 4. Haus) verdrängt wurden (Mond 8. Haus) in diesem Jahr wieder aufflammen. Bildet der Mond ein Quadrat zu Mars, können uns Gefühle der Wut gegenüber unseren Eltern, besonders gegenüber der Mutter, in einer schmerzlichen Weise bewußt werden.

Nehmen wir an, der Solar-Mond steht direkt auf dem Solar-Aszendenten in den Fischen und bildet ein Trigon zur Venus im 5. Haus und ein Sextil zum Jupiter im 10. Haus. Eine Gefühlsbetontheit wird das Jahr kennzeichnen. Wir sind sehr empfindlich gegenüber allem was unterschwellig in unserer näheren Umgebung wirkt. Es könnte sein, daß wir frisch verliebt sind (Venus im 5. Haus) und im siebten Himmel schweben, wir sind wahrscheinlich verträumt und wie alle Verliebten, benehmen wir uns ein bißchen töricht und sentimental. Wir leben unser Inneres sehr expansiv aus und neigen dazu, unsere Gefühle stark zu idealisieren (Mond/Jupiter, Mond/AC in Fischen). Die Fähigkeit zu lieben und zu geben ist beträchtlich. Und da wir sehr glücklich und erfüllt sind, sähen wir es gerne, daß die ganze Welt an unserem Glück teilhaben könnte (Jupiter im 10. Haus).

Ich deute auch die Hausposition der langsamen Planeten, wenn sie im Transit zu den persönlichen Planeten und zu den Achsen im Radix stehen, oder wenn sie im Solar die Sonne bzw. AC und MC aspektieren. Angenommen, Pluto steht im Solar im 3. Haus und im Transit zu Merkur im Skorpion im 6. Haus im Radixhoroskop. Es ist möglich, daß dieser Mensch neue Einsichten entwickelt, um seine Arbeitssituation zu verbessern oder um seine Arbeit neu zu gestalten. Er kann seine Art, sich verbal auszudrücken verändern oder neu auf-

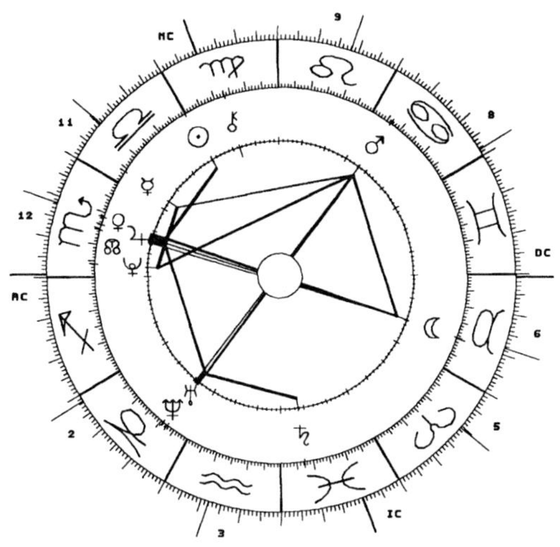

Abbildung 17: Solar Peter 1994/95

tauchende Gedanken können ihn anspornen, in seinem Alltag radikale Einschnitte vorzunehmen. Wenn Pluto außerdem im Solarhoroskop durch ein Sextil von Mars in der Jungfrau aktiviert wird, kann der Horoskopeigner alles, was er an Gedanken hegt, praktisch ausführen. Oder er kann neu erlernte Fertigkeiten sofort in die Praxis umsetzen.

1994 war für Peter ein wichtiges Jahr. Seit längerer Zeit schon beschäftigte ihn die Konjunktion Uranus/Neptun als Transit, die in einem Quadrat zu seinem MC stand. Er empfand ein starkes Bedürfnis nach einem Wechsel des Arbeitsplatzes. Von Beruf ist er Sozialarbeiter und er arbeitete seit mehreren Jahren mit Alkoholikern, doch nun spürte er, daß seine Energie zur Neige ging; diese Tätigkeit machte ihn krank. Pluto unterstütze den Einfluß von Uranus/Neptun durch ein Transit-Quadrat auf seine Radixposition und ein

Trigon zu Uranus im 7. Haus. Peter hatte das Bedürfnis, mit einem neuen Personenkreis zu arbeiten (Klienten und Kollegen).

Im Solarhoroskop standen Uranus und Neptun im 2. Haus in Opposition zu Mars im 8. Haus. Er fand in dem Jahr den Mut (Mars im 8. Haus) zu kündigen, ohne eine neue Arbeitsstelle gefunden zu haben, um seine physische und psychische Energie wieder zu stärken. Es war für ihn eine schwere Entscheidung, da sie über eine gewisse Zeit materielle Unsicherheit mit sich brachte (Uranus/Neptun im 2. Haus). Pluto am AC im Solarhoroskop zeigt, daß ein Abschnitt zu Ende geht, und ein neuer Anfang möglich ist. Tatsächlich bot sich ihm wenige Monate später ein neues Arbeitsverhältnis, das ihm besser zusagte.

Der *sechste Schritt* sieht folgendermaßen aus: Nachdem wir das Solarhoroskop analysiert haben, müssen wir die Solarplaneten in die Radixhäuser übertragen und interpretieren.

Die Position des Solar-Mondes im Radixhaus gibt uns Auskünfte darüber, in welchem Bereich wir Geborgenheit suchen oder erfahren werden. Sie zeigt, in welchen Situationen wir gerne emotional reagieren und uns von unseren Instinkten leiten lassen. Eine Klientin mit dem Solar-Mond im 3. Radixhaus fand nach einem Ehestreit bei ihrer Schwester Trost und Verständnis. Sie durfte einige Monate bei ihr auf dem Land leben, bevor sie eine eigene neue Wohnung für sich gefunden hatte.

Die Stellung des Solar-Merkur im Radixhaus zeigt uns, in welchem Bereich wir neue Ideen entwickeln werden und neue Fertigkeiten lernen können. Wir können ersehen, welcher Natur die Erfahrungen sein werden, die unser Denken verändern und vertiefen.

Die Solar-Venus im Radixhaus gibt uns Auskünfte über die Erlebnisse, die unsere Sinnlichkeit wecken. Die Position von Venus macht uns klar, was wir für unser Wohlbefinden brauchen; welche Werte für das Jahr wichtig sein werden.

Die Hausposition des Solar-Mars im Radix zeigt die Bereiche an, in denen wir uns am leichtesten oder am schwersten durchsetzen können. Auch die Themen, in denen wir für unsere eigenen Rechte kämpfen müssen, sind an der Position des Mars ablesbar. Mars im 4. Radixhaus könnte Turbulenzen in der Familie bedeuten.

Die Stellung des Solar-Jupiters im Radix kennzeichnet die Erfahrungen, die zur Entfaltung und Sinnfindung führen. In welchem Bereich wir unser Glück suchen oder finden werden, ist ebenfalls von Jupiters Position im Geburtshoroskop angezeigt.

Jene Gebiete, in denen wir mit unseren Grenzen konfrontiert werden, verdeutlicht die Position des Solar-Saturn im Radix. Wir können erfahren in welchen Bereichen wir mehr Ordnung und Verantwortung einbringen möchten. Ein Solar-Saturn im 7. Radixhaus könnte das Bedürfnis ankündigen, mehr Ordnung in unserem Privatleben zu schaffen. Anstelle wilder Affären tritt das Verlangen nach einer festen Beziehung, was dazu führen könnte, unsere Lebensgewohnheiten zu verändern.

Die Lebensbereiche, in welchen wir den Drang nach Veränderungen haben oder neue Anregungen und Impulse bekommen, sind anhand der Radixposition des Solar-Uranus zu finden. Die Stellung des Solar-Neptun im Geburtshoroskop kann Situationen anzeigen, die mit Illusionen und Selbsttäuschung verbunden sind oder in denen Unklarheiten bestehen. Die Erfahrungen, die vom Solar-Pluto in den Radixhäusern gekennzeichnet sind, können zu Transformation, Regeneration und Wachstum führen.

Das folgende Beispiel zeigt das Horoskop von Rosi. Ich habe die Solarplaneten in das Radix übertragen:

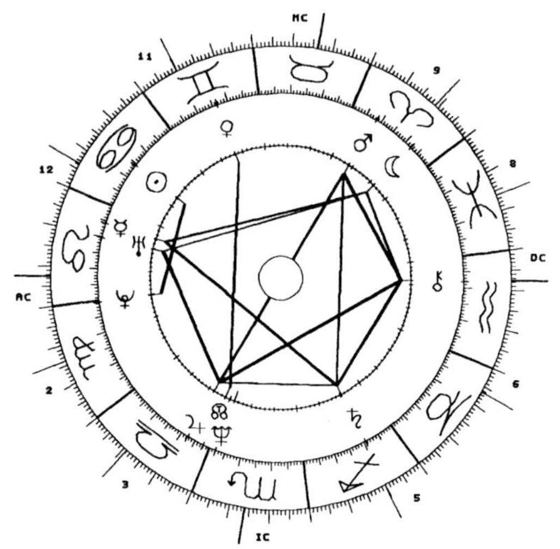

Abbildung 18: Rosi

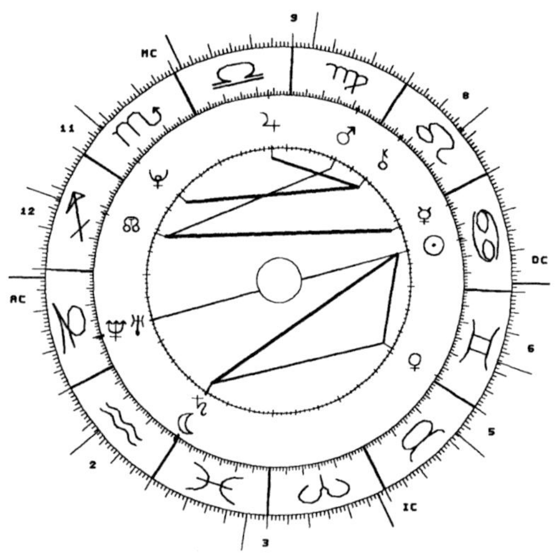

Abbildung 19: Solar Rosi 1993/94

Solarplanet		Radixhaus
☽	29°21’ ♒	7. Haus
☿	26°52’ ♋	12. Haus
♀	1°53’ ♊	10. Haus
♂	8°00’ ♍	1. Haus
♃	6°41’ ♎	2. Haus
♄	29°43’ ♒	7. Haus
♅	20°24’ ♉	5. Haus
♆	19°53’ ♉	5. Haus
♇	22°33’ ♏	4. Haus
AC	1°29’ ♉	5. Haus
MC	27°22’ ♎	3. Haus
Lilith	29°33’ ♓	8. Haus
⚷	23°21’ ♌	1. Haus

Siebter Schritt: Jetzt werden die Aspekte, welche die Solarplaneten mit den Radixplaneten und dem Radix-AC oder dem Radix-MC bilden, untersucht. Im Radixhoroskop von Rosi ergeben die Solarplaneten folgende Winkelverbindungen:

Solar	Aspekt	Radix
♀	□	♇
♃	☍	☽
♃	⚹	☿
♅	□	♂
♅	□	♃
♆	□	♂
♆	□	♃
♇	□	AC
⚷	☍	⚷

Die Vergleichswinkel von Jupiter bis Chiron sind die wichtigen Transite für das Jahr 1993/94, daher werden sie für die Erlebnisse des Jahres von relevanter Bedeutung sein – sie stellen die aktiven Energien dar, die das Jahr einfärben. Die anderen Vergleichsaspekte werden insofern eine Rolle spielen, als sie wichtige Konstellationen im Radixhoroskop aktivieren, ansonsten werden sie aber eher eine unterschwellige Wirkung erzeugen. Wir beziehen sie in die Deutung ein, falls sie stärkere Aspekte unterstützen. Steht der Aszendent im Solar beispielsweise im Widder, spricht dies für den Beginn eines neuen Lebenszyklus. Ist der Solar-Mars in Konjunktion zum Radix-Uranus, der seinerseits ein Trigon zum Radix Mars bildet, wird der Horoskopeigner motiviert, etwas zu unternehmen, um Veränderung zu bewirken.

Die Sonne im Solarhoroskop von Rosi steht in Opposition zum Solar-Uranus und zum Solar-Neptun. Dieser Transit hat über mehrere Jahre Einfluß auf das Radixhoroskop von Rosi ausgeübt. Der Transit machte sich schon 1990 erstmalig bemerkbar und erst im Jahr 1994 ließ die Wirkung nach. Rosi ist Italienerin, ihr Mann Ire und das Paar lebte mehrere Jahre in Irland, 1990 kehrte sie mit ihrem Mann und den drei Kindern nach Italien zurück, wo sie versuchten, sich eine neue Existenz aufzubauen. Im Solarjahr 1993/94 hat sie gemeinsam mit einem alten Schulfreund eine Sprachschule und einen Übersetzungsdienst eröffnet.

Wir sollten nun das Solarhoroskop in Verbindung mit dem Radixhoroskop deuten. Dabei werden wir alle sieben beschriebenen Schritte einbeziehen, um ein genaues Bild für das Solarjahr zu bekommen.

Die Sonne steht im Solarjahr 1993/94 im 7. Haus; sie empfängt als einzigen Aspekt die Oppositionen von Uranus und Neptun. 1993 war für ihre Ehe ein Jahr der Krise, sie und ihr Mann lebten häufig im Streit. Als sie schließlich eine Beratung aufsuchte, war sie tief traurig und niedergeschlagen. Für ihre Übersetzerfirma mußte sie oft verreisen und traf interessante Geschäftsleute, auf die ihr Mann eifersüchtig reagierte (Solar-Jupiter stand in Opposition zum Radix-Mond im 9. Haus = häufige Reisen). Sie fühlte sich jedoch ungerecht behandelt, da sie ihm keinen realen Anlaß zur Eifersucht gab. Der transitierende Chiron steht in Opposition zum Radix-Chiron, welcher auf dem Radix-Deszendenten plaziert ist. Diese Konstellation entspricht ihrem Schmerz über die unbegründete Eifersucht.

Mond und Saturn im Trigon zum MC im Solarhoroskop zeigen ihre Hingabe, die Überzeugung und die Unbeirrbarkeit, mit der sie ihre beruflichen Ziele verfolgte. Dies wird vom Aszendenten im Steinbock bestätigt; der AC-Herrscher Saturn bildet zudem ein Sextil zum Solar-AC. Rosi arbeitete an ihrem Projekt mit Beharrlichkeit und Verantwortungsgefühl. Ihre Interessen bezogen sich auf die Arbeit und nicht auf Männerbekanntschaften. Der Solar-Mond im 7. Radixhaus symbolisiert das Bedürfnis, in ihrer Ehe Geborgenheit und Verständnis zu finden. Der durch das 7. Radixhaus laufende Transit-Saturn zeigt dagegen, daß sie sich unverstanden und unglücklich fühlte. Der Solar-MC fällt in ihr 3. Radixhaus und bildet eine Konjunktion zu Jupiter. Diese Konstellation symbolisiert die Sprachschule und den Übersetzungsdienst und wird vom Solar-Merkur im Sextil zum Radix-Jupiter unterstützt. Der Solar-AC fällt in das 5. Radixhaus und bildet ein Trigon zum Radix-Pluto. Es machte ihr Spaß, Englisch in einer spielerischen Weise zu vermitteln und durch das Lehren ihrer Kreativität Ausdruck zu verleihen.

Das Solar für das untersuchte Jahr zeigt keine aufsteigenden Planeten, Merkur im 7. Solarhaus bildet jedoch ein Quadrat mit dem MC. Anfang Sommer 1994 trennte sie sich wegen gravierender Meinungsverschiedenheiten von ihrem Geschäftspartner und führt die Schule nun alleine weiter. Die Konstellation AC/Saturn wiederholt sich im Radixhoroskop. Saturn bildet ein Trigon zum Aszendenten, Beharrlichkeit, Konstruktivität und Effektivität kennzeichnen ihren Charakter. Diese Eigenschaften traten im Solar 1993/94 verstärkt in Erscheinung. Pluto stand damals im Trigon zum Aszendenten, die transformative Kraft dieses Planeten hat diese Phase, in der sie mit Hingabe ihre persönlichen Ziele verfolgte, entscheidend geprägt. Ergänzend wäre hinzuzufügen, daß die Ehekrise inzwischen überwunden ist; sie arbeitet jetzt in der Schule mit ihrem Mann zusammen, der sie beim Unterrichten und bei den Übersetzungsarbeiten unterstützt.

Kommt ein Klient und wünscht eine Beratung bezüglich seiner beruflichen Aussichten, beziehe ich in meine Interpretation des Solars auch den MC und dessen Herrscher ein. Außerdem vergewissere ich mich, ob im 6. Solarhaus wichtige Konstellationen aufzufinden sind (Plazierung der Sonne, dominante Planeten, Herrscher des AC oder des MC). Steht das 6. Haus jedoch leer, dann untersuche ich die Rolle seines Herrschers im Solarhoroskop.

Bei Rosi sehen wir, daß ihr MC in der Waage steht, Venus die Herrscherin ist im 5. Solarhaus und zwar in einem Spannungsverhältnis zur Mond/Saturn-Konjunktion im 2. Haus. Der Radix-MC befindet sich im Venuszeichen Stier. Dies bedeutet, daß Rosi viel innere Ausgeglichenheit braucht, um ihre Ziele zu verfolgen und zu erreichen. Die Streitigkeiten mit ihrem Mann und mit ihrem Geschäftspartner haben sie sehr bedrückt (Venus Quadrat Mond/Saturn) und sie ihrer Energie beraubt (Venus, Herrscherin des MC in Quadrat zu Mars im 8. Haus). Die Konfiguration Venus Quadrat Mond/ Saturn im 2. Haus zeigt auch, daß sie sich in jenem Jahr

Sorgen um die finanzielle Situation machte, denn die Schule hat am Anfang fast keinen Gewinn erbracht. Das verdiente Geld mußte wieder in Werbung oder Material investiert werden, so daß Rosi nichts blieb.

Dieser Gedanke läßt sich noch weiterführen. Ich habe immer wieder festgestellt, daß die Herrscher *aller* Solarhäuser wichtige Informationen über jene Themen liefern, die den zwölf astrologischen Feldern zugehören. Möchten wir etwas über Familienangelegenheiten erfahren, ist es sinnvoll, den Herrscher des 4. Solarhauses und seine Winkelverbindungen zu betrachten. Eine meiner Schülerinnen möchte zum Beispiel eine neue Ausbildung anfangen und hat sich schon für mehrere Plätze beworben. Im Jahreshoroskop fällt das 3. Solarhaus in die Zwillinge. Merkur steht direkt an der Spitze dieses 3. Hauses und bildet ein Trigon zu Uranus sowie eine Opposition zu Jupiter (neue Ausbildungsmöglichkeiten). Diese Deutungsmethode ist noch nicht sehr erprobt, aber sie könnte die Auslegung des Solars um eine Variante bereichern.

Zusammenfassung der sieben Deutungsschritte:

Wir untersuchen der Reihe nach:

1. die Solar-Sonne
2. den Solar-Aszendenten
3. den Aszendenten-Herrscher
4. dominante und/oder aufsteigende Solarplaneten
5. Konstellationen, die sich im Solar und im Radix wiederholen
6. Position von Solarplaneten in den Radixhäusern
7. Aspekte zwischen Solarplaneten und Radixplaneten

Chiron und Lilith im Solarhoroskop

Zusammen mit der Deutung der zehn traditionellen Planeten betrachte ich bei der Untersuchung der Jahresthemen auch die Position von Chiron und Lilith, dem Schwarzen Mond. Obwohl beide keine Planeten sind – Chiron ist halb Planetoid, halb Komet und Lilith ein sensitiver Punkt – sind sie in der Astrologie von äußerster Wichtigkeit. Ich habe oft festgestellt, daß diese Kräfte eine zentrale Rolle für die Thematik des Jahres spielen können. Wie bei den langsamen Planeten, untersuche ich ihre Beziehung zur Sonne, zu den vier Hauptachsen und die Konstellationen, die sie zu den Radixplaneten bilden. Vor allem ist zu berücksichtigen, ob in dem betreffenden Jahr wichtige Transite zu den persönlichen Planeten oder auf die jeweils eigene Radix-Position vorhanden sind. Nachdem ich mich vergewissert habe, daß sie in dem untersuchten Jahr aktiv sind, deute ich auch ihre Plazierung in den Solarhäusern und ihr Verhältnis zu den Radixhäusern (die Häuser, die sie im Radix gerade durchlaufen).

Lilith im Solar

Wer mein Buch LILITH DIE BEGEGNUNG MIT DEM SCHMERZ[1] kennt oder mit Lilith und Chiron schon vertraut ist, weiß, daß deren Transite meist mit schmerzhaften Prozessen in Verbindung stehen.

1 Lianella Livaldi Laun. *Lilith, die Begegnung mit dem Schmerz: Die Astrologie des Schwarzen Mondes* (Mössingen, Chiron Verlag, 1994).

Im Fall von Lilith ist es angebracht, diesen sensitiven Punkt immer in Zusammenhang mit anderen Konstellationen zu deuten, da sie als Auslöser einer bereits im Grundhoroskop angelegten Thematik wirkt, unabhängig davon, ob es sich um ein Solar- oder ein Radixhoroskop handelt. Lilith kann sowohl als Transit wie auch als Solaraspekt Grundkonstellationen aktivieren und sich als möglicher Auslöser für eine schon im Radix vorhandene Thematik auswirken. Nehmen wir an, im Radixhoroskop symbolisiere die Plazierung Plutos im 7. Haus die Tendenz des Horoskopeigners zu sehr tiefgehenden, aber auch sehr komplizierten Beziehungen. Das heißt, er geht Beziehungen ein, die zu Machtkämpfen, zu gegenseitigen Manipulationen und emotionalen Spannungen führen können. Wenn Lilith im Solarhoroskop nun gerade auf dem Deszendenten (also Spitze 7. Haus) steht, ist es nicht auszuschließen, daß in dem betreffenden Jahr dramatische Liebeserfahrungen durchlebt werden durch Verzicht auf das geliebte Objekt oder durch die Erfahrung leidvoller Machtkämpfe innerhalb der Beziehung.

Da Lilith dem Prinzip der unerfüllten Wünsche entspricht, geschieht es häufig, daß der Schwarze Mond uns mit Verzicht und unerreichbarem Glück konfrontiert, sobald er unsere persönlichen Beziehungen beeinflußt. Oft können wir unsere Wünsche in der Liebe nicht verwirklichen. Ein Mann in meinem Bekanntenkreis hat Lilith im Radixhoroskop im 5. Haus stehen. Das 5. Haus stellt in der klassischen Astrologie den Bereich der Liebesaffären dar. Dieser Mann hat sich nie gebunden, er ist in der Mitte des Lebens und allein. Einmal in seiner Jugend und erneut im reiferem Alter hatte er zwei wichtige und sehr leidenschaftliche Beziehungen zu Frauen, die aber beide mit anderen Männern verheiratet waren. Er konnte sich beide Male seinen Liebestraum nicht erfüllen. Wenn wir uns jedoch tiefer mit seinem Horoskop beschäftigen, werden wir Kräftekombinationen finden, die eine unbewußte Angst, sich gefühlsmäßig zu binden, aufzeigen. Lilith verstärkt diese Angst und läßt ihn Liebesaffären mit Frauen eingehen, die unerreichbar bleiben müssen; symbolisiert werden diese Ängste im Radixhoroskop durch Venus in Verbindung mit Saturn und Uranus als Herrscher des 7. Hauses nahe am AC.

Lilith im Solarhoroskop oder als Transit kann zu umwälzenden und uns letztlich völlig verwandelnden Erfahrungen führen. Da Lilith in ihrem Einfluß ähnlich wie Pluto wirkt, kann die Thematik des Jahres um Schmerzen und Loslassen kreisen: Beide Kräfte können uns mit Transformation und Erlösung bereichern.

Zudem wird der Schwarze Mond mit Eros und unseren instinktiven und animalischen Seiten assoziiert und nimmt oft Einfluß auf unser erotisches Empfinden. Wenn er auf die persönlichen Planeten transitiert oder wenn er im Solar wichtige Konstellationen bildet, können wir ein Erwachen der Instinkte und der sexuellen Energie erleben. Es ist möglich, daß wir Lust auf Aggression oder auf Verbotenes bekommen. Wir können vielleicht Menschen anziehen – oder uns von ihnen angezogen fühlen – ohne eine Spur von Liebe zu empfinden, sondern nur ein unwiderstehliches, animalisches Verlangen. Wer bereit ist, sich solch eine Erfahrung zu gönnen, wird vielleicht die eigene verborgene Natur kennenlernen. Wer aber Angst vor seiner animalischen Natur empfindet, wird sich wahrscheinlich mit Schuldgefühlen über die unanständigen sexuellen Wünsche plagen und das sexuelle Begehren verdrängen. Die Befreiung des Eros und der Instinkte kann zur Thematik Liliths' im Solarhoroskop werden, falls wir bereit sind, uns dieser Erfahrung zu öffnen.

In meinem Buch über den Schwarzen Mond, habe ich über schmerzhafte Erfahrungen berichtet. Inzwischen stellte ich

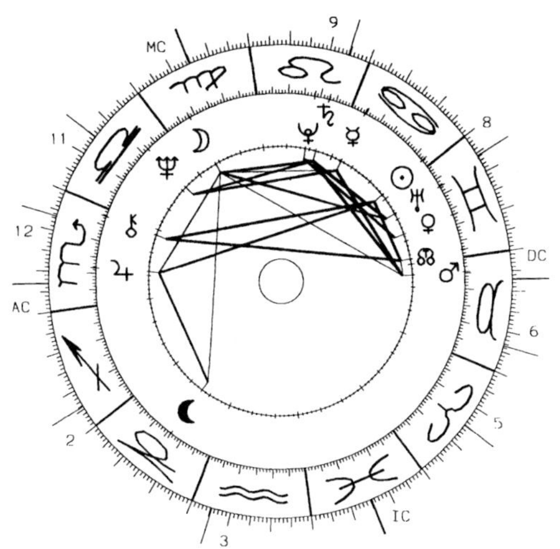

Abbildung 20: Sandra

jedoch fest, daß gerade die Begegnung mit dem Schmerz oft den Weg für freudige Erlebnisse öffnet. Durch Verlust, Verzicht und Depression, ist der betreffende Mensch später fähig geworden, Freude und Erfüllung stärker denn je zu empfinden. In demjenigen Jahr, in dem Lilith unser Solarhoroskop beeinflußt, ist es möglich, daß wir nach einer langen Zeit der Einsamkeit und des Leidens wieder Gefühle erleben können, die uns verwandeln und befreien. Ein ausgezeichnetes Beispiel hierfür zeigt die Geschichte von Sandra, die mich vor zwei Jahren aufgesucht hat.

Sandra wurde als Kind von ihren Eltern physisch und emotional schwer mißhandelt. Regelmäßiges Prügeln, besonders das brutale Verhalten der Mutter, zerstörte ihre Kindheit. Sandra schließt in ihrer Kindheit den sexuellen Mißbrauch nicht aus. Als Erwachsene heiratete sie einen

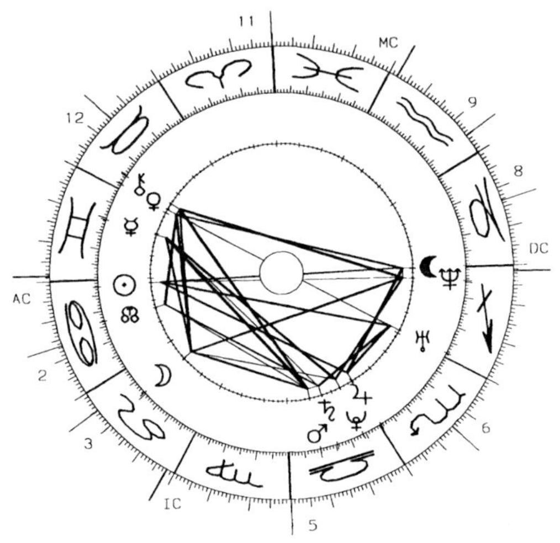

Abbildung 21: Solar Sandra 1982/83

Mann, der sie schlug, wie es damals ihre Eltern taten. 1983, nach der Scheidung von ihrem Mann, entschied sie sich, eine Schönheitsoperation zu wagen. Während des Eingriffs verlor sie so viel Blut, daß die Ärzte sich gezwungen sahen, mit mehreren Transfusionen das ganze Blut zu ersetzen. Bei dieser Operation geschah die Transformation. Eine unermeßliche Freude begann sie zu erfüllen. Sie besaß ihr altes Blut nicht mehr. Von diesem Augenblick an wußte sie, daß sie nicht mehr die Tochter ihrer Eltern war. Durch ihr neues Blut bestand mit ihnen keine Verwandtschaft mehr, sie fühlte sich frei und erlöst.

Wenn wir nun das Solarhoroskop für das Jahr 1982/83 anschauen, fällt uns sofort etwas Wichtiges auf: Die Sonne steht in Konjunktion zum Aszendenten im Krebs, was symbolisch eine Wiedergeburt darstellt. Lilith ist dominant, sie bildet eine Konjunktion zum DC, eine Opposition zur Sonne und ein Sextil zu Pluto. Sandra wurde als neue Frau wiedergeboren, ihre alte Identität existierte nicht mehr, sie fühlte sich radikal verändert, und empfand dabei eine tiefe Freude und Erfüllung (Sonne in Trigon zu Jupiter). Die Operation erfolgte am 15. April 1983. An diesem Tag befand sich Lilith in Konjunktion zur Radix-Lilith, das Thema der Wiedergeburt als neue Frau wurde durch diese Konstellation verstärkt. Im Radixhoroskop ist diese Thematik schon angedeutet, da der Schwarze Mond in Trigon zum Mond steht. Beide astrologischen Prinzipien stehen mit den Themen der Weiblichkeit in Verbindung. Diese Radixkonstellation zeigt, daß sich Sandra potentiell als Frau verwandeln könnte.

Der Solar-Mars stand im Quadrat zum Solar-AC und zeigte für dieses Jahr, daß eine Operation möglich war. Da Mars sich jedoch in Konjunktion zu Saturn und im Spannungswinkel zum AC befand, war die Gefahr, dabei Komplikationen zu erleben, nicht ausgeschlossen. Pluto mit seiner regenerativen Kraft half jedoch, diese Gefahr zu überstehen und unterstützte Lilith in ihrem transformativen Prozeß.

Susan ist eine sehr selbstbewußte und dominante Persönlichkeit. Sie war über 15 Jahre mit einem sehr wohlhabenden Mann (Sonnenzeichen Fische) verheiratet. Im November 1995 ging ihre Ehe jedoch zu Ende, denn ihr Partner hatte sich in eine andere Frau verliebt. Er verließ Susan mit der Begründung, sie sei für ihn zu stark und er habe das Bedürfnis nach einer weniger dominanten Partnerin. Wenn wir das Horoskop dieser Klientin betrachten, sehen wir sofort die Konstellationen, die ihren willensstarken Charakter prägen: Sonne im Stier, AC im Skorpion, Venus im Widder, Mond im Steinbock, außerdem befinden sich Sonne und Mond in Trigon zum Schwarzen Mond. In ihrer Ehe hat sie sich immer um die finanziellen Angelegenheiten ihres Mannes ge-

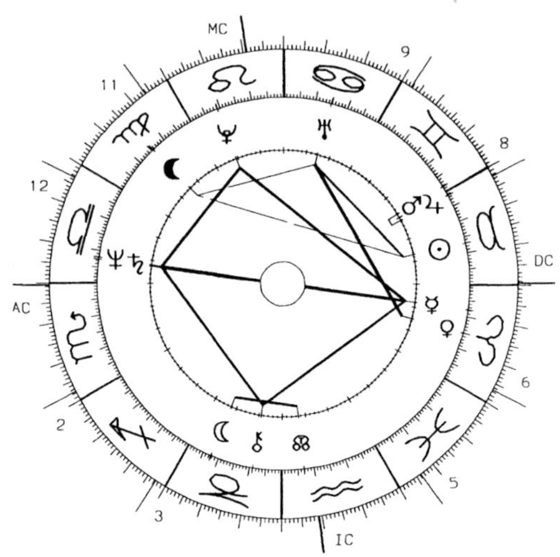

Abbildung 22: Susan

kümmert und ihn im Geschäft sehr unterstützt (Steinbock-Mond im 3. Haus). Die Transite für das Jahr 1996 zeigen, daß die beiden Eheleute nach der Trennung viele Machtkämpfe um Geld erleben werden, und tatsächlich begannen die Konflikte schon Ende 1995 heftig. Pluto ist im Transit in das 2. Haus getreten und bildet eine Opposition zu der Konjunktion Mars/Jupiter im 8. Haus.

Betrachten wir nun ihr Solarhoroskop: Der Aszendent steht im Schützen in Konjunktion zum Jupiter, Lilith ist in Konjunktion zum DC. Als ihr Mann ihr vorwarf, zu dominant und selbstbewußt zu sein, erwiderte sie ihm, sie werde sich nie ändern, da sie stolz auf ihren Charakter sei. Sie verzichtet lieber auf ihren Mann, als ihren Charakter zu verleugnen. Zweifellos, nur eine Lilith-Persönlichkeit konnte dem untreuen Ehemann in dieser Weise antworten.

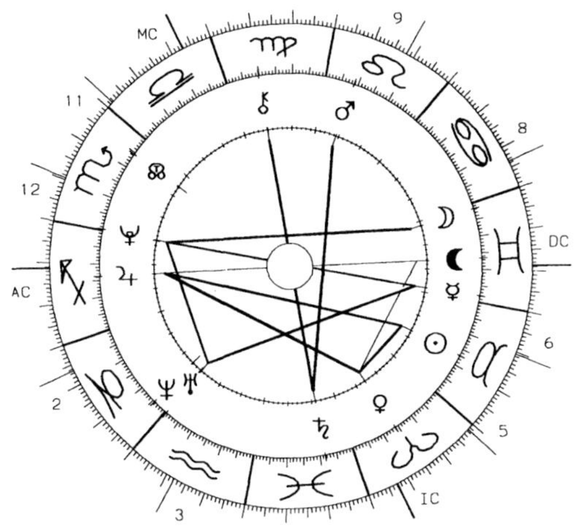

Abbildung 23: Solar Susan 1995/96

Aus dem Mythos von Lilith, der ersten Frau Adams wissen wir, daß diese sehr selbstbewußt und rebellisch war; sie wollte sich Adam nicht unterwerfen. Lilith entsagte dem Paradies, nachdem ihr Gatte sie nicht in ihrem Wesen annehmen konnte. Es widerstrebte ihr, zu heucheln, nur um ihn zu behalten. Susan hat Lilith im Aspekt zur Sonne und zum Mond, den zwei Lichtern. Ihr Wesen ist Lilith sehr ähnlich und daher kompromißlos. Sie ist stolz auf ihre Persönlichkeit und will nicht mit einem Menschen zusammen sein, der sie nicht schätzen kann.

Susan berichtet, seit der Trennung könne sie spüren, daß das Leben jetzt von vorne beginne. Statt Angst zu haben, ist sie sicher, daß sich für sie alles zum Besten entwickeln wird. Der Solar-Aszendent im Schützen und dessen Herrscher Jupiter (dominant) vermitteln ihr dieses Gefühl. Die

Sonne im 5. Haus symbolisiert ihre Absicht, sich ein Jahr lang nur um ihre Kreativität – sie malt auf Seide – und um ihre Kinder zu kümmern. Später möchte sie wieder in den Beruf einsteigen.

Chiron im Solar

»Jede Herausforderung, die mit einer Wunde beginnt und eine Heilung erfordert, ist im Grund chironischer Natur«.[2] So drückt sich Beth Koch in ihrem Buch ASTROLOGIE DER TRÄUME in dem Kapitel über den verwundeten Heiler aus.

In jenem Jahr, in dem Chiron wesentliche Konstellationen im Solar und als Transit einnimmt, können wir mit der chironischen Wunde oder mit ihrer Heilung konfrontiert werden. Es könnte sein, daß in diesem Zeitabschnitt alte Wunden wieder zu bluten beginnen; ein Schmerz, dessen Ursprung weit zurück in der Vergangenheit liegt, ist wieder intensiv zu spüren. Traumata werden erneut gegenwärtig und unsere Aufgabe besteht darin, diese zu bearbeiten und zu verstehen. Meist ist die Zeit reif, um einen Therapeuten zu suchen, der uns helfen wird, unsere Verletzungen zu heilen oder mit ihnen so zu leben, daß der Schmerz seine Unerträglichkeit verliert. Da das Chironprinzip mit Krankheit verbunden ist, können Beeinträchtigungen der Gesundheit in dem betreffenden Jahr eine wichtige Rolle spielen. Oft werden wir von einer physischen Krise aufgefordert, eine innere Reise tief bis zur Wurzel des psychischen Leidens anzutreten, um in unserem Leben notwendige Veränderungen vorzunehmen. Transite Chirons bewirken Entscheidun-

2 Beth Koch. *Astrologie der Träume.* (Mössingen, Chiron Verlag 1994) p. 144.

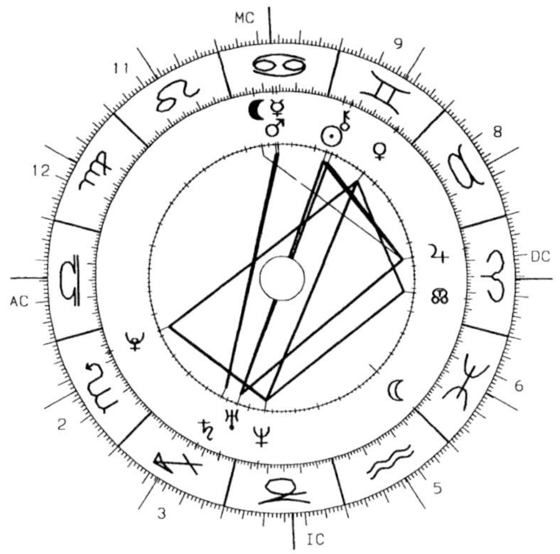

Abbildung 24: Marianna

gen, die unser Dasein intensivieren und verändern; sie sind in der modernen Astrologie als Wendepunkte zu betrachten. Falls die Wiederkehr Chirons mit wichtigen Konstellationen dieses Planeten im Solarhoroskop übereinstimmt, dann ist vielleicht sogar der Zeitpunkt gekommen, dringliche, unsere Existenz verändernde Entscheidungen zu treffen.

Marianna ist ein hübsches kleines Mädchen. Ihre familiäre Situation bietet zur Zeit wenig Halt, weil sich ihr Vater und ihre Mutter trennen möchten. Die Ehe ihrer Eltern war immer sehr konfliktbeladen, denn sie wurde nur geschlossen, weil die Mutter schwanger war. Mariannas Mutter kannte ihren späteren Mann noch nicht sehr lange, als sie schwanger wurde. Während der Schwangerschaft plagten die Mutter ernste Zweifel, ob sie den Mann, mit dem sie nur eine kurze Affäre verband, tatsächlich heiraten sollte. Sie entschloß sich

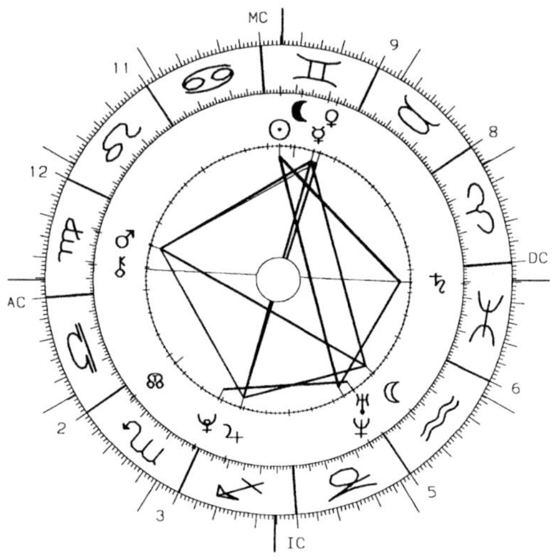

Abbildung 25: Solar Marianna 1995/96

zu einer Ehe ohne Liebe. Kurze Zeit nach der Geburt Mariannas wurde sie wieder schwanger und bekam noch eine zweite Tochter. Seit der Geburt der kleineren Schwester fühlte sich Marianna zurückgesetzt, denn ihre Mutter bevorzugte das neugeborene Kind – und sie tut dies noch heute. Marianna verhält sich aus Eifersucht oft böse gegenüber der kleineren Schwester. Streiten die beiden Mädchen, dann steht die Mutter immer auf der Seite der jüngeren Tochter. Im Horoskop von Marianna verdeutlicht Chiron in Konjunktion zur Sonne und in Opposition zu Uranus die Ablehnung durch die Mutter. Der Mond hat ein Quadrat zur Venus, was der Tatsache entspricht, daß das Kind wenig Zuneigung von der Mutter erfährt und sehr darunter leidet. Das Mutterbild, in ihrem Horoskop durch Lilith im 10. Haus (der Mutter zugeordnet) symbolisiert, trägt angsterregende

Züge. Tatsächlich ist ihre Mutter launisch und kann aufgrund von Kleinigkeiten sehr wütend werden. Der Vater liebt Marianna sehr, doch durch sein berufliches Engagement bleibt ihm wenig Zeit für die zwei Töchter.

Nach einem heftigen Streit mit seiner Frau zog der Vater von Marianna im Sommer 1995 aus der gemeinsamen Wohnung aus. Marianna hat sowohl aufgrund der Trennung als auch infolge ständiger Konflikte schwer gelitten. Seit dem Auszug des Vaters leidet sie unter starken Schlafstörungen.

Das Solarhoroskop Mariannas zeigt Chiron am AC im Quadrat zur Sonne und in Opposition zu Saturn. Die Sonne ist direkt am MC in Konjunktion zu Lilith und bildet außerdem ein Quadrat mit Saturn. Der Schmerz des Kindes wird von diesen harten Winkelverbindungen eindrucksvoll abgebildet. Sie liebt ihren Vater sehr und empfindet seine Abwesenheit als äußerst schmerzlich, auch wenn sie ihn oft besuchen kann. Die Solar-Sonne in Konjunktion zu Lilith könnte ein Indiz dafür sein, daß sie sich ihrer Mutter ausgeliefert fühlt.

Die Problematik des T-Quadrats Sonne/Chiron/Saturn im Solarhoroskop kann tiefe Wunden in ihrer jungen Seele hinterlassen und ein Gefühl von Verlassenheit und Einsamkeit bewirken. Obwohl sich die Eltern über das Leid ihrer Töchter sehr wohl bewußt sind, führen sie ihre Machtkämpfe weiter. Die Aussagen des Solars werden durch Pluto im Quadrat zum Radix-Mond (gleiche Aussage wie Solar-Sonne Konjunktion Lilith) und Chiron-Transit im Quadrat zum Chiron-Radix unterstützt. Diese letzte Konstellation bedeutet für mich, daß die Trennung der Eltern und die schwierige Beziehung zur Mutter eine chironische Wunde verursacht hat, einen tiefen Schnitt, der nur sehr langsam heilen kann, falls überhaupt je eine völlige Genesung erfolgen wird.

Jahresthemen

Nachdem wir die einzelnen Schritte der Deutung von Solarhoroskopen eingehend kennengelernt haben, richten wir unseren Blick nun auf die Untersuchung der Jahresthemen. Hierfür werde ich drei Fälle aus meiner Praxis anführen. Zur Veranschaulichung der Jahresprognose werden wir jedoch nicht *alle* Schritte einzeln und auch nicht *alle* Konstellationen zwischen Solar und Radix betrachten, sondern nur die herausragenden, die das jeweilige Hauptthema widerspiegeln. In aller Regel zeigt es sich, daß die bestimmenden Planetenverbindungen sofort ins Auge springen, da sie sich an mehreren Stellen wiederholen. Eine Konzentration auf die Kernthemen entspricht durchaus der gängigen Beratungspraxis, denn in den meisten Fällen wird man nur die markanten Planetenmuster detailliert mit seinem Klienten besprechen können.

Zu den leidenden Kindern nach Mostar

Wichtige Transite haben das Geburtshoroskop von Tommaso im Jahr 1995 stark beeinflußt. Die bedeutsamste Konstellation in seinem Radix ist die Konjunktion von Pluto und Jupiter auf dem Aszendenten im Löwen. Beide dominanten Planeten haben seinen Lebenslauf bisher stark geprägt. Er ist eine beeindruckende Persönlichkeit und besitzt eine starke persönliche Ausstrahlungskraft. Pluto steht in der Astrologie für die Energie, welche durch Krisen und Erschütterung

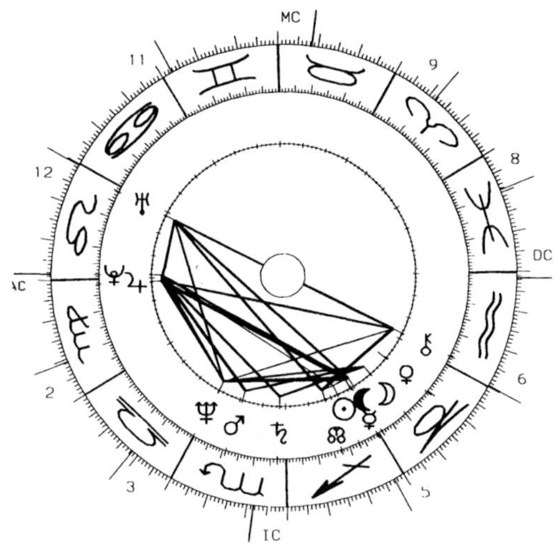

Abbildung 26: Tommaso

die Persönlichkeit stärkt und heilt. Tommaso war im Besitz dieser Energie, aber in seiner unentwegten Zerrissenheit fehlte ihm der Mut, sich von den Zwängen der Vergangenheit zu befreien, um sein Leben richtig und entschieden in die Hand nehmen zu können. Sein Horoskop weist auf Kreativität und Energie (Pluto am AC; Mars im Skorpion; Mond, Venus und Merkur im 5. Haus). Trotz seines Wunsches zu schreiben (Merkur im 5. Haus, Neptun im 3. Haus) fehlte ihm der Antrieb, sich auf schöpferischem Gebiet zu betätigen, was Niedergeschlagenheit und Depression zur Folge hatte.

Tommaso kommt aus einer Arbeiterfamilie; in seiner Kindheit schämte er sich, aus einfachen Verhältnissen zu stammen und entwickelte Minderwertigkeitsgefühle (Saturn im 4. Haus). Mit seinem Vater hat er sich nicht besonders gut verstanden und er litt erheblich unter dessen Strenge. In seiner Heimatstadt war der Vater eine Art Held gewesen, denn er hatte als Partisan in der Widerstandsbewegung gekämpft. Für den Sohn und seine Entwicklung wirkte die Kühnheit dieses Vaters eher als Hindernis denn als ein anspornendes Vorbild (Saturn im 4. Haus im Quadrat zum AC). Er fühlte sich dieser dominanten Vaterfigur unterlegen und weigerte sich, diesem Mann zu gleichen oder seine Werte anzunehmen. Statt dessen rebellierte er gegen den übermächtigen Vater und Konflikte waren an der Tagesordnung. Tommaso hatte noch keine Möglichkeit gefunden, seine ungeheure, plutonische Energie richtig auszuleben und zu kanalisieren.

Bekanntlich leiten Plutotransite auf den Aszendenten oder über die persönlichen Planeten transformative Prozesse ein. Wurden Anteile der Persönlichkeit nicht gelebt oder verdrängt, können sie unter diesen Transiten mit explosiver Kraft ausbrechen. Bei Tommaso kamen Mut, Tatkraft und Organisationstalent zum Vorschein, die zu leben er bislang nie Gelegenheit gehabt hatte. Tommaso liebt Kinder (Mond, Merkur und Venus im 5. Haus) aber er lebt nicht in einer festen Beziehung und hat selbst keine Nachkommen. Er übt jedoch einen Beruf aus, der ihm die Möglichkeit bietet, etwas für Kinder zu tun, denn er ist Stützlehrer für spätentwickelte Kinder und für Kinder, die unter dem Down-Syndrom leiden (Neptun im 3. Haus). Diesen Kindern widmete er seine ganze Energie, 1995 wurde sein Arbeitsvertrag an der Schule jedoch nicht verlängert und er war zunächst ohne Beschäftigung. In dieser Notlage wuchsen in ihm das Verlangen und die Befähigung, Hilfe für die Kinder in Bosnien zu leisten. Die täglichen Berichte im Fernsehen über die Situation im ehemaligen Jugoslawien ließen den Wunsch zur konkreten Unterstützung entstehen, um das Leid der Menschen im Kriegsgebiet zu lindern. Er beschaffte sich einen kleinen LKW, suchte bei den

Institutionen seiner Stadt Unterstützung für seine Idee und animierte einige Freunde, mit ihm nach Mostar zu fahren, um humanitäre Hilfe zu leisten. Inzwischen wird sein Projekt von einigen karitativen Einrichtungen wie der Caritas und dem Consorzio Soledarietà unterstützt. Tommaso fährt jeden Monat nach Mostar und bringt den Kindern Kleider, Lebensmittel, Schulmaterial usw.

Seit seinem Engagement ist er wie verwandelt, aktiv, voller Ideen und seine Lust am Schreiben ist wieder da; er hat schon einige Gedichte für die Kinder von Mostar und über seine Reiseerlebnisse verfaßt. Die wichtigsten Transite sind: Pluto in Quadrat zum Geburtspluto und zum Aszendenten, Pluto Konjunktion Saturn, Saturn im 8. Haus in Quadrat zur Sonne und Uranus Sextil Saturn. Seine Hemmungen, die seinen Selbstausdruck behinderten, schwanden unter Plutos gewaltiger Kraft. Tommasos Begeisterungsfähigkeit (Sonne in Schütze, Jupiter am AC) hat andere Menschen mitgerissen, sie schlossen sich seinem Unternehmen an und Ende 1995 ist die Zahl der Mithelfer erheblich gewachsen.

Zunächst habe ich das Solarhoroskop 1994/95 untersucht, aber die Themen dieses Jahres waren nicht ganz deutlich ersichtlich. Den einzigen Hinweis bot die Solar-Venus in Konjunktion zum MC, die in seinem 5. Radixhaus plaziert ist (Kinder). Dies bedeutet, daß sein Streben, Hilfe für die leidenden Kinder zu leisten, zu seiner Berufung geworden ist. Venus steht in Konjunktion mit dem Mondknoten – diese Verbindung zeigt, daß die Verwirklichung seiner Berufung Schicksalhaftes in sich trägt. Der Steinbock-AC für das Solar 1994/95 und dessen Herrscher Saturn in Trigon zum MC bedeuten, daß er über genug Ausdauer und Selbstdisziplin verfügte, um seine Pläne Realität werden zu lassen.

Das Solarjahr 1995/96 gibt eindeutigere Hinweise. Der Solar-AC steht im Stier, dessen Herrscherin Venus im

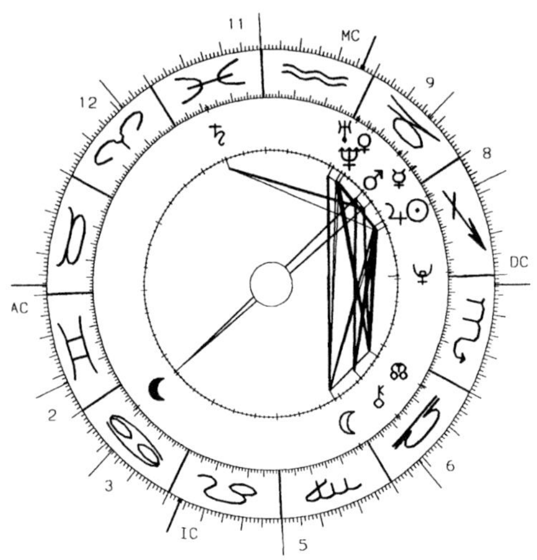

Abbildung 27: Solar Tommaso 1995/96

9. Haus (Ausland) bildet eine Konjunktion mit Neptun (idealistische Vorstellungen) und außerdem steht Venus auch im Trigon zum AC (idealistische Gefühle und konkretes Vorgehen sind harmonisch miteinander verbunden, d.h. er kann realisieren, was ihm am Herzen liegt). Die Sonne ist im 8. Haus, d.h. für das Jahr sind tiefgehende Veränderungen und Transformationen angekündigt und die Erlebnisse des Jahres werden seinem Leben eine neue Richtung verleihen. Seine Solar-Sonne zeigt, daß er sehr viel Energie in etwas für ihn besonders Wichtiges investieren wird. Die Sonne steht aber auch in Konjunktion zum Jupiter: er wird weiterhin mit Begeisterung für seine Ziele arbeiten, sein Projekt »*Hilfe für Bosnien*« wird nicht nur die Menschen, denen er hilft, bereichern, sondern es stellt für ihn eine Herausforderung dar, die seine Lebenssicht verändert und erweitert.

Durch das Quadrat von Sonne und Mond können Spannungen zwischen bewußtem Wollen und unbewußten Wünschen in seinem Innern einen Widerstreit verursachen. Er muß lernen, seine eigenen seelischen Bedürfnisse mit seinem Identitätsgefühl in Übereinstimmung zu bringen. Die Spannung zwischen Mond im 5. Haus und Sonne im 8. Haus zeigt, daß sein Projekt »*Hilfe für Bosnien*« ihm emotional sehr entspricht, jedoch einen Großteil seiner Freizeit (5. Haus) beansprucht. Irgendwann wird er sich wieder um eine feste Anstellung in der Schule bemühen und somit weniger Zeit für die Reisen nach Bosnien zur Verfügung haben. Dies könnte seelische Zerrissenheit und ein Gefühl der Unzufriedenheit bewirken.

Die dominanten Planeten im Solar sind: Uranus am MC, Pluto Sextil MC, Neptun Trigon AC und Mond Trigon MC. Ohne Zweifel deuten alle diese Winkelstrukturen auf seine wahre Berufung hin. Uranus wird gute Einfälle und Originalität bringen; Neptun und Mond ermöglichen das emotionale Engagement; Pluto gibt die Fähigkeit, sich einer Aufgabe voller Hingabe zu widmen. Venus und Mond stehen im Trigon zum AC, intensive, aufrichtige Gefühle werden in diesem Jahr alle seine Aktivitäten begleiten.

Der Solar-Aszendent fällt in das 10. Radixhaus und verstärkt wiederum die Aussage, daß er seine Berufung gefunden hat. Vor allem aber hat er die Aufmerksamkeit der Öffentlichkeit auf sich und seine Hilfsaktion gezogen. Wie bereits erwähnt, nehmen mehrere öffentliche Einrichtungen inzwischen an seinen Projekt teil. Da der AC im Zeichen Stier steht, ist zu vermuten, daß Tommaso nun den Mut gefunden hat, zu tun, was immer er für wichtig erachtet hat und er wird diesem Weg bestimmt treu bleiben. Er hat eine Tätigkeit gefunden, die sein Selbstwertgefühl verstärkt und er wird auch weiterhin leidenden Kindern helfen, die seine Hilfe benötigen.

Auffallend ist die gehäufte Plazierung der Solarplaneten im 5. Radixhaus. Dieses Haus stellt auch den Bereich dar, in welchem fünf wichtige persönliche Planeten im Geburtshoroskop stehen. Die Erfahrungen, die mit diesem Haus verbunden sind, nehmen im Leben Tommasos eine wesentliche Funktion ein. Er strebt nach einem persönlichen und authentischen Selbstausdruck. Die Fähigkeiten, die er jetzt entwickelt hat, geben ihm die Möglichkeit, gemäß seiner wahren Natur zu leben. Kindern in Not zu helfen ist für Tommaso ein tiefes, inneres Bedürfnis, das er jetzt realisieren konnte.

Solarplaneten	*Radixhaus*
☽	2. Haus
☿	5. Haus
♀	5. Haus
♂	5. Haus
♃	5. Haus
♄	8. Haus
♅	6. Haus
♆	5. Haus
♇	4. Haus
Lilith	8. Haus
⚷	2. Haus
MC	6. Haus

Der Solar-Mond und ein Chirontransit durch das 2. Radixhaus zeigen die Sorge, die mit den materiellen Belangen verbunden sind. Es ist nicht immer einfach für ihn, finanzielle Unterstützung für seine Projekte zu finden.

Solarplaneten	Aspekt	Radixplaneten
♂	☌	☽
♀	△	MC
♂	⚹	♂
♃	△	AC
♄	⚹	♀
♇	□	♃
Lilith	☍	☽
⚷	□	☽

Es gibt einige markante Konstellationen, die sich wiederholen: So steht der Solar-Mars zum Beispiel in Konjunktion zum Radix-Mond. Im Natalhoroskop hat Tommaso ein Mars-Sextil mit dem Mond.

Saturn transitiert die Radix-Venus im Sextil. Im Geburtshoroskop steht die Venus im Steinbock. Die Solar-Venus befindet sich ebenfalls im Steinbock

Solar-Pluto bildet eine Konjunktion zum Deszendenten, im Radixhoroskop steht Pluto in Konjunktion zum Aszendenten.

Die Konstellationen zwischen Mond und Mars verleihen ihm seelische Energien. Seine Initiative kommt aus dem Herzen. Pluto in Konjunktion zum Deszendenten könnte einige Begegnungen in sein Leben bringen, die voller Intensität sind. Saturn im Transit zur Venus wird zu mehr Stabilität in seinem Singledasein führen.

Lilith und Chiron im Transit zu seinem Mond zeigen zudem die Möglichkeit, daß die Konfrontation mit einigen alten seelischen Wunden nicht zu vermeiden ist. Ein Heilungsprozeß könnte jetzt beginnen und seine Seele wieder für emotionale Erlebnisse öffnen.

Ein friedvolles Zusammenleben?

Zwei wichtige Themen haben Silke im Jahr 1995 stark beschäftigt, nämlich Beruf und Privatleben. Derzeit lebt sie mit zwei Frauen in einer Wohngemeinschaft. Sie ist seit 20 Jahren geschieden und hat bisher mit ihrem Sohn zusammengewohnt. Vor ungefähr einem Jahr zog der junge Mann aus, um eine eigene Wohnung zusammen mit seiner Freundin zu teilen. Silke wollte nicht alleine in den alten Räumlichkeiten bleiben und sie bemühte sich erwartungsvoll um eine neue Wohnmöglichkeit. Zusammen mit zwei Bekannten mietete sie ein niedliches Häuschen, das früher im Besitz einer alten Künstlerin war. Zum Haus gehört ein schöner Garten und es ist groß genug für drei Bewohnerinnen. Doch seit Anfang des Jahres 1995 ist die Stimmung unter ihnen nicht mehr so idyllisch. Zwei der Frauen haben keine Verständigungsprobleme, doch mit der dritten Person ergibt sich kein harmonisches und konfliktfreies Verhältnis. Im Lauf des Jahres haben die Spannungen zugenommen. Silke, die sehr viele Hoffnungen in diese Wohngemeinschaft gelegt hatte, kam verzweifelt zur Beratung. Mars ist der dominanteste Planet im Solar, da er im Brennpunkt eines T-Quadrats steht: er bildet Quadrate zu Jupiter und zu Merkur/Venus. Außerdem steht er in einer weiten Konjunktion zum Aszendenten. Dieser Planet verursacht in diesem Jahr sehr viele Reibungen in Silkes Leben. Die Auseinandersetzungen zwischen ihr und den Mitbewohnerinnen werden durch Mars am AC sehr offen ausgetragen. Dies betrachtet Silke zwar als positiv, aber sie haben bis jetzt keine zufriedenstellende Lösung gefunden. Merkur, der Herrscher des AC ist an dem T-Quadrat beteiligt.

Die Planeten, die das T-Quadrat bilden, sind im Radix harmonisch miteinander verbunden (Merkur Sextil Mars, Jupiter

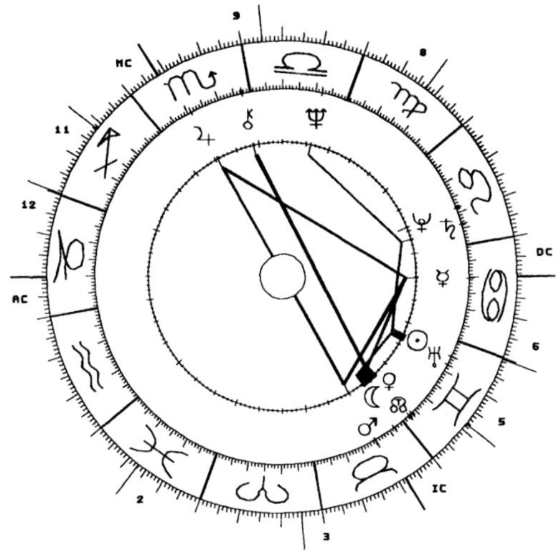

Abbildung 28: Silke

Trigon Merkur). Dies könnte bedeuten, daß die im Radix vorhandene Fähigkeit von Merkur/Jupiter, in Ruhe etwas besprechen zu können, in diesem Jahr beeinträchtigt ist. Merkur Sextil Mars im Geburtshoroskop zeigt die Bereitschaft Silkes, offen und direkt zu sein, ohne in Wut zu geraten. In diesem Jahr fällt es ihr jedoch ziemlich schwer, Auseinandersetzungen in der Wohngemeinschaft ruhig und gelassen zu begegnen. Saturn befindet sich sowohl im Solar wie auch schon im Radix im 7. Haus und der Solar-Saturn bildet ein Quadrat zur Solar-Sonne. Bei der Beratung gestand sie ihre Angst vor dem Alleinsein. Die Entscheidung, eine Wohngemeinschaft zu bilden, entsprang diesem Gefühl. Die Tatsache, daß Saturn im untersuchten Jahr wieder im 7. Haus plaziert ist, bedeutet für sie eine erneute Konfrontation mit ihrer Angst vor Einsamkeit. Vielleicht sollte doch auch eine Veränderung der

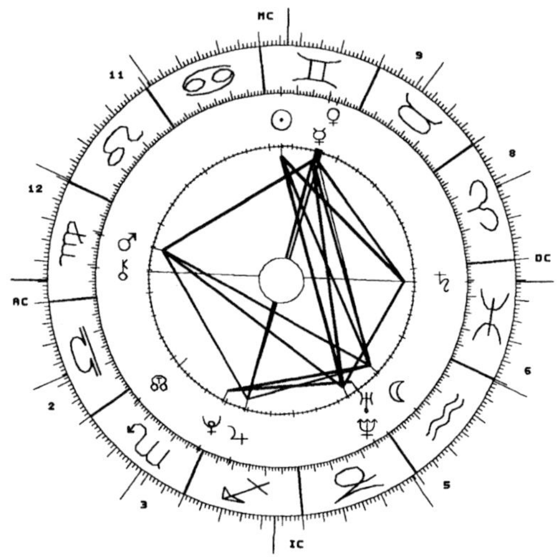

Abbildung 29: Solar Silke 1995/96

Wohnungssituation in Betracht gezogen werden, falls sie und ihre Mitbewohnerinnen nicht in der Lage sein werden, eine Lösung für ihre Konflikte zu finden und sich Ziele für ein besseres Zusammenleben zu setzen.

Silkes zweites Jahresthema ist der Beruf. Sie ist seit 25 Jahren als Lehrerin tätig und seit einiger Zeit mit ihrer Beschäftigung nicht mehr zufrieden, die ihr ohne Sinn erscheint. In diesem Jahr – mit Jupiter im Solar in Opposition zu Merkur am MC – ist in ihr das Gefühl der Sinnlosigkeit gewachsen und hat sich fast bis ins Unerträgliche gesteigert. Ihre Entscheidung ist gefallen, sie möchte sich für ein Jahr beurlauben lassen und sich um einen Ausbildungsplatz als Bewegungstherapeutin für Kinder mit Koordinations- und Konzentrationsproblemen bemühen. Mit Sonne/Uranus-Konjunktion in dem Zeichen der Beweglichkeit (Zwillinge) im Radixhoroskop scheint dies eine vortreffliche Idee zu sein. Chiron in Konjunktion zum Solar-Aszendenten weist ebenfalls auf einen heilenden Beruf. Merkur, der Herrscher des Sonnenzeichens und des Solar-Aszendenten, ist in diesem Jahr dominant, denn er steht in Konjunktion zum MC. Diese Konstellation könnte für sie eine Chance darstellen. Der Solar-Aszendent in der Jungfrau bedeutet im Leben von Silke, daß die Zeit gekommen ist, sich auf eine neue Phase vorzubereiten und ihren Alltag zu reorganisieren. Um neue berufliche Ziele zu erreichen (Merkur am MC und als Herrscher des AC in der Jungfrau), sollte sie sich jetzt neue Fertigkeiten aneignen. Sonne und Uranus fallen im Radix in das 5. Haus, das Feld des kreativen Ausdrucks, folglich könnte Tanz als Therapie auch eine gute Möglichkeit darstellen. Silke äußerte Bedenken, wie ihr Freijahr zu finanzieren sei, denn es bedeutete zwölf Monate ohne ein Gehalt auszukommen. Die Sorgen um das Materielle sind durch die Transitkonstellation Saturn im 2. Radixhaus mit einem Quadrat zur Sonne im 6. Radixhaus symbolisiert. Beinahe hätte sie auf ihr Vorhaben verzichtet, wenn nicht ein guter Freund angeboten hätte, sie in diesem Jahr finanziell zu unterstützen, so daß Silke ihre Pläne verwirklichen kann (Solar-Jupiter im 11. Radixhaus).

Midlife Crisis

Die Auseinandersetzung mit dem Alterungsprozeß versetzt viele Menschen gegen Ende dreißig in Angstzustände. Für manche Menschen ist die Realität des Alterns leichter anzunehmen, andere dagegen leiden mehr unter dem Fortschreiten der Jahre, aber allgemein fühlen wir uns alle bei dem Gedanken an das Heranrücken des 40. Geburtstages beunruhigt. Es kommt jedoch darauf an, ob wir in der Lebensmitte bereits genügend Erfüllung erfuhren oder ob wir unter einem Gefühl der Sinnlosigkeit leiden. Wer seine Ambitionen und seine Träume nicht erfüllen konnte oder keine stabile Identität entwickelt hat, ist für die Krise, die das Älterwerden begleitet, anfälliger. Ein Beispiel bietet Solange, eine Klientin, die mich ein halbes Jahr nach ihrem 40. Geburtstag aufsuchte.

Sie war sehr gut gekleidet und äußerst attraktiv. Ohne die Kenntnis ihres Geburtsdatums hätte ich sie kaum auf 40 Jahre geschätzt. Sie erklärte, daß sie aufgrund beruflicher Schwierigkeiten gekommen sei, ihre tatsächlichen Probleme erwiesen sich jedoch als differenzierter. In den vergangenen zwei Jahre litt sie unter Depressionen, die mit der Angst vor dem Altern verbunden waren. Seit ihrem 38. Geburtstag hatte sie oftmals schlechte Laune und depressive Stimmungen. Aus der Art, wie sie sprach, war ersichtlich, daß sie das zunehmende Alter nur sehr schwer akzeptieren konnte. Und vor allem wurde erkenntlich, daß sie eine Frau ist, welche Schönheit als höchsten Wert schätzt. Ihr Geburtshoroskop spiegelt diese Angst vor dem Alter durch die Opposition zwischen Sonne und Saturn wider. Sie hat Schwierigkeiten loszulassen und die nötigen und unvermeidbaren Veränderungen des Lebens als einen natürlichen Vorgang anzunehmen (Stier-Sonne im Quadrat zu Pluto und in Opposition zum Saturn). Ihre Abhängigkeit von äußerlicher Schönheit ist im Geburtshoroskop durch die Opposition von Venus und Neptun angedeutet. Sie ist von der Idee abhängig, daß Schönheit und Jugend notwendig sind, um alles im Leben erreichen zu können. Die Vorstellung, eines Tages nicht mehr jung und anmutig zu sein, bewirkte tiefe Verzweiflung. Karriere ist ein weiteres Grundthema ihrer Existenz, sie glaubt, daß Status und Schönheit unentbehrliche Voraussetzungen sind, um im

Abbildung 30: Solange

Leben überhaupt glücklich sein zu können (Pluto Konjunktion MC, Venus Trigon MC).

Die Vermutung liegt nahe, daß ihre Grundeinstellungen durch Unsicherheit im Hinblick auf den Umgang mit ihrer Weiblichkeit geprägt wurden. Sie besitzt keine klare Vision von sich selbst, denn sie unterschätzt andere wichtige Eigenschaften wie z.B. ihre Intelligenz oder ihr geistreiches Naturell (Merkur in Zwillingen, Mond Trigon Merkur) und außerdem ist sie sehr tüchtig – ganz unabhängig von ihrer körperlichen Attraktivität. Ihr Mangel an Selbstwertgefühl wird im Horoskop vom Mond in Konjunktion zu Chiron und im Quadrat zum AC sowie Lilith im 2. Haus bestätigt. In ihrer Kindheit konnte sie kein Vertrauen zu sich selbst aufbauen, denn ihr Vater war sehr perfektionistisch eingestellt und kritisierte sie oftmals (Sonne/Saturn/Pluto). In ihr wuchs die fatalistische Überzeugung: »Egal, was ich auch tue, ich mache es nicht richtig!« Anerkennung und Liebe waren sehr von Leistung abhängig.

Nur auf ihre körperliche Anmut war ihr Vater wirklich stolz. Er zeigte sich gern in der Öffentlichkeit mit ihr und war erfreut, wenn man ihr Komplimente machte. In ihrem wahren Wesen konnte er sie jedoch nicht annehmen. Deshalb dachte Solange früher immer, daß sie von ihm bestimmt keine positive Aufmerksamkeit, sondern nur Kritik geerntet hätte, wäre sie weniger schön gewesen.

Solange ist bei einer pharmazeutischen Firma tätig, sie verdient gut und ihre Arbeit hat ihr immer viel Spaß bereitet. Im Solarjahr sind alle ihre Befürchtungen allerdings Realität geworden: sie wurde durch eine junge Dame ersetzt. Sie hatte eine Beförderung erwartet, wurde aber zugunsten der jüngeren Kollegin in eine andere Abteilung versetzt. Dies betrachtet Solange als Bestätigung ihrer Befürchtungen: Ist eine Frau nicht mehr jung und attraktiv, verliert sie alle Chancen im Leben. Im Solar für das Jahr 1995 wird diese Krise sehr deutlich symbolisiert. Venus in Konjunktion zum MC und in Opposition zum Mond ist eine typische Konstellation für eine Frau, die Angst davor hat, ihre Venus-Rolle (die anmutige Frau) in der Gesellschaft zu verlieren, um diese durch eine Mond-Rolle zu ersetzen (die reifere Frau). Uranus und Neptun sind im 6. Haus (tägliche Arbeit, Beruf) plaziert und bilden den Fußpunkt eines T-Quadrates zum Mond und zur Venus. Die unerwartete Versetzung in eine andere Abteilung wird durch die Stellung von Uranus und Neptun im 6. Haus und durch die Position des Solar-MC im 6. Radixhaus angezeigt. Die Sonne im 10. Solarhaus im Quadrat zum Solar-Mars kündigt ihre Wut über die erlittene Enttäuschung an. Sie ist in ihrem Stolz (Solar-AC im Löwen) verletzt worden (Sonne als Herrscher des AC in Quadrat zu Mars). Der Solar-

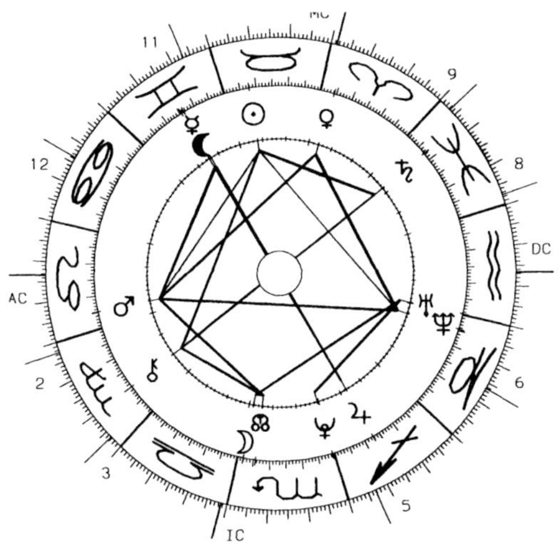

Abbildung 31: Solar Solange 1995/96

Chiron im 10. Radixhaus zeigt den Schmerz über die zerstörten Träume hinsichtlich ihrer beruflichen Zukunft. Der Solar-Mars in Konjunktion zum Radix-Pluto im 10. Haus verstärkt ihre Wut und ihren Neid gegenüber der Kollegin.

Aufgrund ihrer Niedergeschlagenheit erkennt sie in dieser Erfahrung nur die negative Seite. Aber Uranus und Neptun im Solarhaus des Alltags deuten zweifelsohne auf eine Neuorientierung ihrer Existenz. Es ist für Solange wichtig, andere Bereiche und Interessen in ihrem Leben zu entdecken, die ihren Alltag mit einem neuen Sinn erfüllen. Der Aszendent des Solars fällt in das 9. Radixhaus, was im Grunde genommen heißt, daß sie eine echtere Lebensanschauung entwikkeln sollte, um ihr Leben mit Sinn und Inhalt zu bereichern. Der Transit von Saturn im Sextil zur Radix-Sonne läßt hoffen, daß sie klug genug sein wird, diesen Hinweis auf Veränderung ihrer Lebensumstände und ihrer Lebensanschauung zu verstehen. Im Radix befinden sich diese Gestirne in Opposition (Angst, alt zu werden), im Solar wiederholt sich die Planetenverbindung, allerdings stehen beide Planeten in einem Sextil (das Altwerden akzeptieren). Pluto in Transit-Opposition zum Merkur wird sie zwingen, ihre Denkweise radikal zu verändern. Die Solar-Sonne befindet sich im Trigon zu Uranus, Neptun und Chiron, der Solar-Jupiter bildet ein Trigon zum Solar-AC – diese günstigen Winkelverbindungen sprechen für eine positive Entwicklung im Leben von Solange. Kann sie sich von der trügerischen Vorstellung der ewigen Jugend und Schönheit befreien, so wird sie in der Lage sein, ihr Leben von einem anderen Standpunkt aus zu betrachten und Erfüllung finden.

Der Vergleich von Radix und Solar zeigt einige markante Wiederholungen:

Solar	Radix
☉ ⚹ ♄	☉ ☍ ♄
☿ ♊	☿ ♊
♀ ♈	♀ ♈
♀ △ ♂	♀ ⚹ ♂
♀ □ ♅	♀ □ ♅
♀ □ ♆	♀ ☍ ♆

Wir haben bereits über die Wiederholung der Sonne/Saturn-Konstellationen gesprochen. Daneben treten auch die Venus-Themen hervor. Venus/Neptun deutet auf Enttäuschung bezüglich Schönheit und Liebe hin, die sie in diesem Jahr erlebt hat. Sie war besessen von falschen Vorstellungen und wurde im Solarjahr heftig mit venusischer Thematik konfrontiert. Ihre Versetzung in eine andere Abteilung und die Beförderung ihrer Kollegin trafen sie unvorbereitet, und zumindest auf bewußter Ebene kam die Wende im Beruf sehr überraschend. Uranus und Neptun im Solar im 6. Haus und in einem Quadrat zur Venus am MC bringt dies zum Ausdruck. Die Verbindung von Venus und Uranus machte ihr aber auch deutlich, daß sie sich nicht mehr auf ihre Schönheit verlassen kann.

Es sollte noch erwähnt werden, daß sie seit ihrem 38. Lebensjahr von den Generationswinkeln Uranus Opposition Uranus, Neptun Quadrat Neptun, Pluto Quadrat Pluto und Saturn Opposition Saturn beeinflußt ist, welche die Krise der Lebensmitte ankündigen. Einige von diesen sind inzwischen fast schon vorbei.

Auslösungen im Solar

Die Behauptung mancher Autoren, die Wirkung des Solars sei um den Geburtstag herum stärker nachweisbar und verliere im Verlauf des Jahres an Wirkung, kann ich nicht teilen. Im Gegenteil, ich habe sogar festgestellt, daß die Themen des Jahres bereits zwei oder drei Monate vor der eigentlichen Wiederkehr der Sonne spürbar sein können, denn manche Klienten kommen schon vor ihrem Geburtstag zur Beratung und sobald ich auf das folgende Solarjahr zu sprechen komme, versichern sie sofort, daß sich ihnen das, was ich andeute, schon ins Bewußtsein dränge. Die Ausführungen zu dem auf sie zukommenden Solarjahr dienen ihnen meist als Bestätigung für bereits latent vorhandene Empfindungen. Wie läßt sich dies erklären? Das Horoskop ist vergleichbar mit einer Lebensuhr, innerlich sind die Tendenzen, die unser Leben beeinflussen werden, schon vorhanden, und sobald die Zeit für gewisse Erfahrungen reif ist, spüren wir in uns deutlich, in welcher Richtung unser Weg verlaufen wird. Es ist unsere innere Stimme, die auf baldige Veränderungen aufmerksam macht, damit wir uns vorbereiten können. Manche von uns sind mit dieser inneren Stimme vertrauter als andere und nehmen sensibel neu auftauchende Gedanken und Empfindungen wahr. Andere, die diese Stimme überhören, zeigen sich sehr überrascht, wenn sich in ihrem Leben äußerlich oder innerlich etwas verändert.

Ich habe auch festgestellt, daß ein Planet, welcher vor dem Solar-AC steht, meist ein Ereignis ankündigt: Sobald dieser Planet im exakten Transit den Aszendenten erreicht, löst er etwas aus. 1995 stand Jupiter bei mir 1° vor dem AC im Schützen; eine Woche nach meinem Geburtstag erhielt ich ein sehr gutes Arbeitsangebot, das sich als echte Herausforderung für mein Leben herausstellte. Ebenso finden Ereignisse statt, wenn ein Planet weiterläuft, sich von seiner Solarposition fortbewegt und einen anderen Planeten im Solar erreicht. Mein Solar-Jupiter hat sich im Zeichen Schütze weiterbewegt und ungefähr zwei Monate vor dem Ende des Solarjahres die Solar-Venus erreicht: mir wurde angeboten, dieses Buch zu schreiben. Da ich die Methode der Solare sehr gern anwende, sagte ich erfreut (Jupiter/Venus) zu, über dieses Thema zu schreiben.

Eine weitere Möglichkeit, etwas über den Eintritt von Ereignissen zu erfahren, bietet die Arbeit mit dem *progressiven Solarhoroskop*. Es ist zu beachten, daß sich das Solar alle vier Tage um 1° über der Himmelsmitte weiter bewegt. Pro Monat wird das Solarhoroskop demnach um 7°30', in zwei Monaten um 15°, in vier Monaten um 30°, in acht Monaten um 60° und in einem Jahr um 90° weiterlaufen. Aszendent und Himmelsmitte bewegen sich folglich in Richtung Solarplaneten und sobald eine der Achsen einen Planeten erreicht, können wir mit dem Eintritt eines Ereignisses rechnen. Einige Kollegen betrachten den Moment als Zeitpunkt der Auslösung für Ereignisse, wenn die Häuserspitzen einen Planeten erreichen – ich dagegen beziehe mich bei meiner Arbeit mit dem progressiven Solarhoroskop immer nur auf die Achse AC/DC und MC/IC.

Wie sollen wir vorgehen? Suchen Sie die Gradzahl des MC für das progressive Datum und entnehmen Sie der Häusertabelle die Häuserspitzen, bezogen auf den Breitengrad des in Frage kommenden Ortes. Wenn eine Häuserspitze innerhalb eines Orbis von 5° zu einem Planeten liegt, kann dies ein Signal für ein bevorstehendes Ereignis sein.

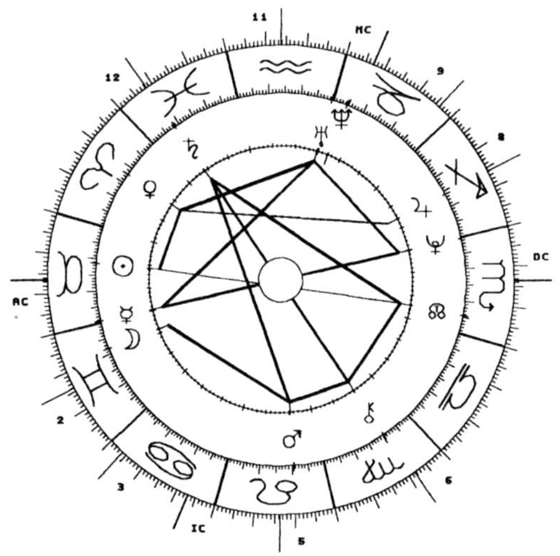

Abbildung 32: Solar Ladengeschäft 1995

Als Beispiel möchte ich das Solarhoroskop eines Geschäfts behandeln. Alljährlich läßt mich der Besitzer die Jahresprognose seines Ladens berechnen und deuten.

Das Geschäft wurde am 2. Mai 1921 gegründet, es handelt es sich um ein altes, traditionsreiches, in der Stadt sehr geschätztes Haus. Der Solar-MC steht auf 22°56' Steinbock und der Solar-AC 16°30' im Stier. Wir können also sagen, daß der Besitzer auch für dieses Jahr solide Umsätze erwarten kann (Venus als Herrscherin des AC in Trigon zu Jupiter, Saturn Herrscher des MC im Sextil AC und Sextil MC). Als der progressive MC Anfang Juni 1995 den Solar-Uranus erreichte, wurden neue Räumlichkeiten zur Vergrößerung des Geschäfts angemietet. Diese Entscheidung kam ziemlich überraschend (Uranus), weil inoffiziell bekannt wurde, daß ein benachbartes Modegeschäft schließen würde.

Wenn wir nun das Solar progressiv auf den Tag der Wiedereröffnung am 2. Januar 1996 verschieben möchten, dann sehen die Berechnungen folgendermaßen aus: Zwischen dem Gründungstag der Firma am 2. Mai und dem 2. Januar liegen 242 Tage. Diese teilen wir durch 4 und erhalten 60, Rest 2, was 60 ½° entspricht, die wir zum Solar-MC hinzurechnen. Dadurch erhalten wir einen progressiven Solar-MC in 23° Fische, in Konjunktion zum Solar-Saturn und in Opposition zu Chiron. Durch den Umbau wurde auch eine Erweiterung des Sortiments im Gesundheitsbereich vorgenommen. Die übrigen Häuserspitzen können nun ganz einfach aus der Häusertabelle abgelesen werden, indem wir bei 23° Fische unter der entsprechenden geographischen Breite (47°N) nachsehen. Dabei finden wir in unserem Beispiel 18° Krebs als Wert für den progressiven AC. Auch hier gilt wiederum, daß wir immer das Grundhoroskop im Auge behalten müssen. Wir sehen unmittelbar, daß dieser progressiv verschobene Aszendent auf der Spitze des 2. Radixhauses steht; mit der Neueröffnung rückt erneut das Thema Finanzen in den Mittelpunkt, zum Beispiel größere Gewinne oder zu erwartende Ausgaben.

Ich muß dazu sagen, daß ich selten mit genauen Prognosen arbeite. Deswegen habe ich die Methode der progressiven Solarhoroskope an dieser Stelle auch nicht weiter vertieft. Wie ich schon erwähnt habe, arbeite ich nur mit der Verschiebung der AC und MC-Achse, wenn ich ein Ereignis nachträglich untersuchen möchte.

Solarhoroskope und Partnerschaft

Mein Arbeitsschwerpunkt liegt in der Partnerschaftsastrologie. So begann ich vor einigen Jahren auch das Solarjahr der Partnerschaft zu untersuchen, um die Themen zu ergründen, die die Liebesbeziehung für das jeweilige Jahr prägen werden. Dabei lassen sich sehr gute Ergebnisse erzielen. Zwei Möglichkeiten in der Partnerschaftsastrologie mit Solaren zu arbeiten sind sehr zuverlässig. Da wäre zunächst das Kombin. Das Kombin eignet sich vorzüglich zur Untersuchung der Themen, welche die Beziehung im Laufe des Jahres beeinflussen, da dieses Horoskop anhand des arithmetischen Mittelpunkts der beiden Geburtszeiten sowie der Längen- und Breitengrade der Geburtsorte erstellt wird. Da dem Kombin ein echtes Horoskop zugrunde liegt, kann man für dieses Partnerschaftshoroskop sowohl Transite als auch Solare erstellen.

Für die andere Untersuchung gehen wir vom Begegnungshoroskop aus und erstellen für dieses ein Solar. Es ist bei dieser Methoden wichtig, die genaue Stunde der ersten Begegnung zu kennen, um mit dem Horoskop zuverlässig arbeiten zu können. Das Begegnungshoroskop zeigt die Voraussetzungen, die in einer Beziehung enthalten sind, es offenbart die wichtigen Erfahrungen, welche die zwei Personen zusammen erleben werden.[3] Leider erinnern sich nur wenige Menschen mit Genauigkeit an die Zeit des ersten

3 Näheres zu dieser Methode finden Sie in meinem Buch *Liebesbeziehungen im Horoskop* (Freiburg, 1993).

Kennenlernens. Für die Arbeit mit Solarhoroskopen der Partnerschaft ist es außerdem von Bedeutung, nicht nur die Rolle des Herrschers des AC, sondern auch jene des Herrschers des DC zu untersuchen. Der Grund hierfür ist einfach zu verstehen, es handelt sich in diesem Fall um eine Beziehung! Wir werden in diesem Kapitel beide Methoden vorstellen. Zunächst führe ich ein Beispiel für das Begegnungshoroskop an.

Lucia und Renato

Lucia und Renato begegneten sich am 23. Dezember 1988 um 16:00 Uhr. Sie machte gerade das Abitur und begann danach Romanistik zu studieren. Im Rahmen ihrer Ausbildung sollte sie einige Monate in Portugal leben. Im Sommer 1991 verbrachten Lucia und Renato dort einen gemeinsamen Urlaub, um ein Zimmer für die Zeit des Auslandsstudiums zu suchen. Am 6. Oktober 1991 reiste Lucia für die Dauer eines Trimesters ab. In der Folgezeit telefonierten beide ziemlich oft, denn Lucia war sehr unglücklich, so allein und weit weg zu sein. Renato war jedoch aus beruflichen Gründen nicht abkömmlich und konnte seine Freundin daher nicht besuchen. Kurz vor Weihnachten kam sie zurück. Voller Erwartung holte er sie vom Flughafen ab. Kaum saßen sie im Auto, sagte sie: »Ich habe zwei Nachrichten für dich, eine gute und eine schlechte – welche willst du zuerst hören?« »Die schlechte!« erwiderte Renato. Sie erklärte ihm, sie würde in zehn Tagen wieder zurückfahren. Die gute Nachricht wollte Renato gar nicht mehr hören, er war verärgert, denn von einer Fortsetzung des Auslandsstudiums war nie die Rede gewesen.

Durch nichts in der Welt war sie von ihrem Entschluß

abzubringen, und sie fuhr erneut nach Portugal. Danach meldete sie sich weniger häufig, aber sie hatten sich auch nicht in bestem Einvernehmen getrennt. Renato drängte es, Näheres über ihre gemeinsame Situation in Erfahrung zu bringen und er flog im Januar 1992 spontan zu ihr. Die Reise war für ihn äußerst deprimierend, meistens saß er in einem schwach beheizten Hotelzimmer und Lucia kam nur für wenige Stunden täglich zu ihm. Da ihre Beziehung weiterhin vage und unbefriedigend blieb, wollte er schon nach drei Tagen wieder abreisen, ließ sich dann aber überreden, zu bleiben. Nach einer Woche verabschiedeten sie sich wehmütig am Flughafen von Lissabon. Einige Wochen später kam Lucia auf Besuch zu ihren Eltern; die beiden sahen sich zwar, aber ihr Kontakt verlief nicht viel besser als in Portugal. Nach einer Woche verließ sie ihre Heimatstadt wieder und kündigte an, ihren Aufenthalt nochmals um weitere drei Monate zu verlängern.

Über das Thema Trennung hatten beide bislang nicht offen gesprochen. Als Lucia diesmal wieder nach Portugal kam, zog sie um, ohne bei ihren Angehörigen oder Renato eine neue Adresse zu hinterlassen. Sieben Wochen blieb sie unerreichbar – kein Anruf, kein Brief. Dann endlich schickte sie ein telefonisches Lebenszeichen. Renato reagierte verständlicherweise unterkühlt, Lucia zeigte jedoch Unverständnis über seine zurückhaltende Reaktion.

Im Juli 1992 trafen sie sich wieder, in der Hoffnung, sich auszusprechen, was aber mißlang. Danach trennten sich ihre Wege für immer, es gab in der Zwischenzeit nicht einmal mehr einen sporadischen Kontakt. Später stellte sich heraus, daß Lucia in Portugal einen neuen Mann kennengelernt hatte.

In Abbildung 33 sehen wir das Horoskop der ersten Begegnung, erstellt für den 23. Dezember 1988, welches wir

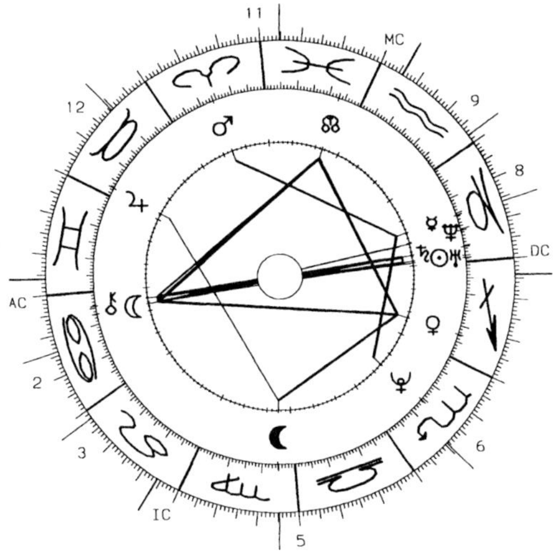

Abbildung 33: Horoskop der ersten Begegnung

nun in seinen wesentlichen Punkten untersuchen wollen. Dieses Horoskop liefert uns viele Hinweise über den unglücklichen Verlauf der Liebesbeziehung zwischen Lucia und Renato. Der Aszendent liegt im Zeichen der Zwillinge, und Merkur, der Herrscher des AC, ist spannungsreich aspektiert: er steht im 8. Haus und bildet ein Quadrat zum Mars, eine Konjunktion zu Neptun und als fließenden Aspekt ein Sextil zu Pluto. Die Konjunktion Merkur/Neptun zeigt, daß in dieser Beziehung viel Unklarheit über die gemeinsamen Ziele (Mars) herrschte. Sie haben sich in einer Zeit kennengelernt, in der beide Partner beruflich sehr unterschiedliche Ziel verfolgten und in anderen Ausgangssituationen standen (Jupiter in Quadrat zum MC). Das 7. Haus ist zwar stark besetzt, aber durch schwierige Spannungskonstellationen belastet. Die Sonne (das Wesen der

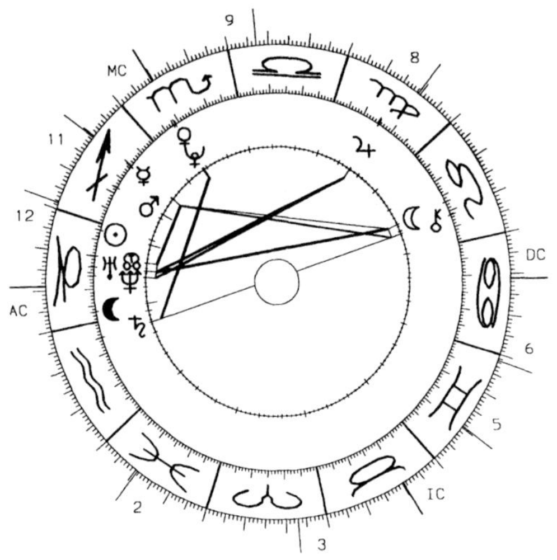

Abbildung 34: Solar Begegnungshoroskop 1991

Beziehung) steht in Konjunktion zu Saturn und Uranus und bildet eine Opposition zu Mond/Chiron im 1. Haus. Uranus befindet sich direkt am Deszendenten. Jupiter, der Herrscher des DC, steht einsam im 12. Haus in Spannung zum MC. Sonne/Saturn und Mond/Chiron stehen für tiefgehende und schmerzhafte Verletzungen, die – in diesem Fall – von Renato empfunden wurden, wobei wohl auch Lucia unter Schuldgefühlen litt. Die Situation im Jahr 1992 erwies sich für beide als sehr leidvoll. Dies wird durch das Solar des Begegnungshoroskops 1991/1992 bestätigt, denn der Mond steht dort wiederum in Konjunktion zu Chiron, aber jetzt im 7. Haus.

Uranus am Radix-Deszendenten in Opposition zum Mond deutet auf die Unbeständigkeit der Gefühle. Da der Mond betroffen ist, läßt sich sagen: Die Unbeständigkeit *ihrer* Gefühle, denn in einem Begegnungshoroskop symbolisiert der Mond die Frau und die Sonne den Mann. In diesem Beispiel zeigt die Sonne durch die Konjunktion zu Saturn und die Opposition zu Mond/Chiron, daß er derjenige war, der einen schweren Verlust erlitten hatte. Lilith im 5. Haus im Quadrat zum AC spricht für eine schwierige Liebesbeziehung, die sich als Enttäuschung entpuppen konnte. Venus, der Planet der Liebe, ist im 6. Haus plaziert und weist ein Quadrat zum Mondknoten auf. Die Stellung von Venus im 6. Haus mit einem Spannungsaspekt zeigt an, daß die Liebe nicht im Alltag wachsen konnte. Venus steht im Schützen und Uranus ist der Herrscher des 9. Hauses, das heißt, die Erlebnisse im Ausland bewirkten das Ende ihres Verhältnisses.

Betrachten wir jetzt das Solar – auch in diesem Fall werden wir nur auf die wichtigsten Konstellationen eingehen. Damals bei der Beratung habe ich alle sieben Schritte für die Deutung berücksichtigt. Die Sonne steht isoliert, ohne weitere Aspektverbindungen im 12. Haus und Neptun befindet sich dominant am AC (Unklarheiten, Unaufrichtigkeit und Heimlichkeiten haben die Beziehung sehr belastet). Einer der Partner, Lucia, ist untergetaucht (Sonne im 12. Haus, Neptun am AC). Der Herrscher des AC (Saturn), bildet eine Opposition (mit 7° Orbis) zum Herrscher des DC (Mond). Die dominanten Planeten im Solar sind Uranus, Neptun, Pluto und Venus. Wie schon erwähnt, können äußere Planeten, wenn sie zu mehreren im Solarhoroskop dominant sind, sehr viel kreatives Potential enthalten, aber sie können uns auch mit dramatischen Ereignissen konfrontieren. Für Renato und Lucia haben Uranus, Neptun und Pluto überwiegend Leid und Tragik statt kreative Energie entfaltet. Die Konjunktion Venus/Pluto und Lilith nahe am AC bestätigen diese Aussage. Interessant ist die wiederkehrende Kon-

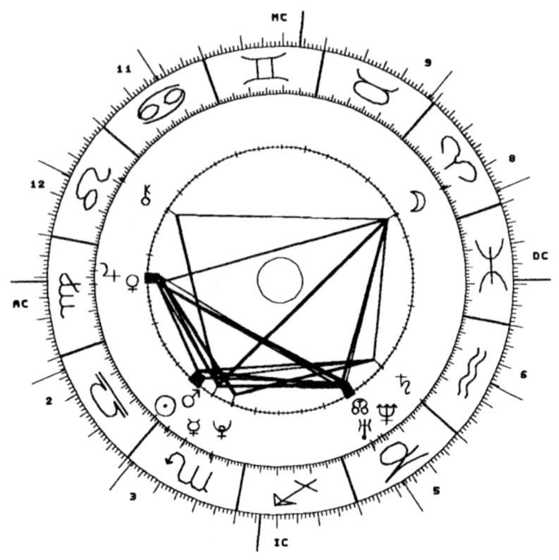

Abbildung 35: Solar Lucia 1991/92

stellation, bei der es sich um Mond Konjunktion Chiron handelt. Die Verletzung, als latente Eigenschaft im Radix der Begegnung vorhanden, wurde im Jahr 1992 zur Realität. Lucia war die Verletzende und Renato befand sich in der Rolle des Opfers. Die Transite der langsamen Planeten für das Solarjahr 1991/92 waren: Saturn im 9. Haus (Erlebnisse im Ausland oder solche, die mit dem Ausland zusammenhängen), Uranus im 8. Haus Quadrat Mars (abruptes Ende, viel Aufregung). Der Solar-Aszendent fällt in das 8. Radixhaus: diese Position verdeutlicht, daß die Beziehung abstirbt. Die Konjunktion mit dem Solar-Uranus verweist auf den plötzlichen Eintritt der Ereignisse.

In einer normalen Beratungssituation werden wir auch die Einzelhoroskope der Partner untersuchen und für jeden sollte ein Solarhoroskop erstellt werden. Wir betrachten hier

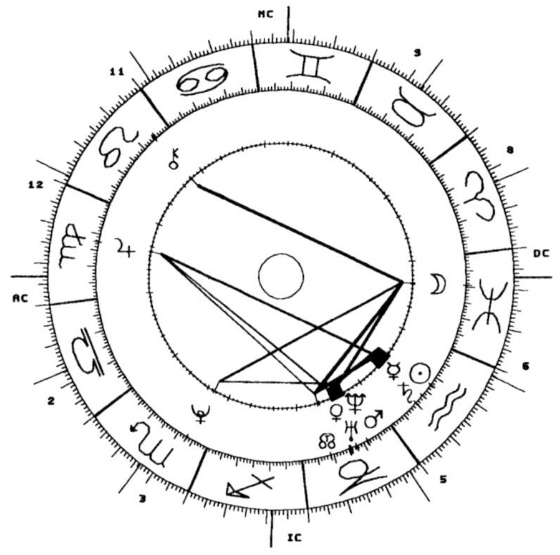

Abbildung 36: Solar Renato 1992/93

aber nur die ausgeprägten Konstellationen im Solarhoroskop von Lucia und von Renato. Das Solarhoroskop von Lucia (erstellt auf den Ort der gemeinsamen Beziehung) für das Jahr 1991/92 zeigt die Wiederholung einer Aspektfigur aus ihrem Radix: Jupiter steht in beiden Fällen am AC und Venus im 1. Haus. Im Solar sind darüber hinaus Jupiter und Venus in Konjunktion zu finden, was bedeutet, daß für Lucia das Hauptthema des Jahres ihre neue Liebesbeziehung war; dies wird ebenso von der Position Neptuns (dem Herrscher des Deszendenten) im 5. Haus (Liebesbeziehungen, romantische Erlebnisse) angedeutet. Die Sonne im Radix steht im Sextil zum Mars, im Solar bilden diese zwei Gestirne eine Konjunktion, außerdem steht die Sonne im Sextil zu Venus. All dies weist auf eine neue Begegnung hin. Gewissermaßen als »Krönung« befindet sich der Solar-AC auf der

Geburtsvenus, Uranus bildet im Transit zur Radix-Venus ein Trigon!

Renatos Solar zeigt den Mond (der Planet, der im Radix eine dominante Plazierung am IC innehat) in Konjunktion zum Deszendenten und im Quinkunx zu Chiron (Chiron steht in seinem Radix in Konjunktion zur Sonne) und in Opposition zum Radix-Mond. Darin bildet sich wiederum das Thema der Verletzung ab. Saturn näherte sich im Transit der Radix-Sonne; Anfang Sommer 1992 erreichte er den Tierkreisgrad der Sonne und vollendete die Trennung von Lucia.

Clelia und Max

»Damit bei mir eine Heilung stattfinden konnte, mußte ich ihn verletzen.« So äußerte sich Clelia, als sie über ihre Scheidung berichtete. Sie trennte sich 1991 von ihm, als Chiron im Transit über ihren Radix-Uranus lief. Diese Konstellation war sehr prägend für das Jahr, weil Uranus in ihrem Radixhoroskop dominant ist (Quadrat zum AC) und Chiron ihre Persönlichkeit massiv beeinflußt (Chiron Konjunktion Sonne auf dem IC). Ihre Eltern – beide sehr beschäftigte und verstandesorientierte Personen – haben in ihrer Kindheit durch häufige berufliche Reisen und Ortswechsel für viel Unstabilität gesorgt. Clelia spricht von einer einsamen Kindheit; von den Eltern erhielt sie nur Bücher als Geschenk, nie eine Puppe. Obwohl die Eltern sie geliebt haben, waren sie sehr mit ihrer Ehe, die später zu Ende ging, beschäftigt und dadurch wurden Clelia zunächst als Kind und später als junger Frau einige Wunden zugefügt (Chiron/Sonne/4. Haus). Der von ihr sehr verehrte Vater war häufig auf Reisen und seine Nähe fehlte ihr. In ihrem Lebenspart-

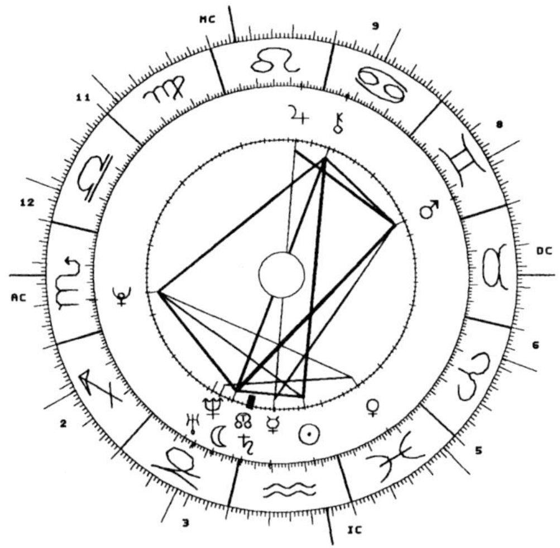

Abbildung 37: Solar Clelia 1991

ner Max hatte sie eine Vaterfigur gefunden (Kombin-Sonne Konjunktion IC, wie im Radix von Clelia) und sie hat versucht, bei ihm all die Wärme und den Schutz zu erhalten, die sie in der Kindheit vermißte. Max hat Merkur, Venus und Jupiter im Krebs, sein Mond ist in der Jungfrau und er war imstande, Clelia viel Sicherheit und Geborgenheit zu vermitteln. Sie haben ein gemeinsames Kind, das von beiden sehr behütet wird. In der Zeit, in der ihre Ehe zu Bruch ging, unterzog sich Clelia einer Psychoanalyse und war sehr mit sich selbst beschäftigt. Sie litt damals unter Depressionen und wurde oft von Alpträumen verfolgt. Der Abschluß der Analyse bedeutete auch das Ende ihrer Beziehung zu Max. Die Projektion von Sehnsüchten und Wünschen der Kindheit auf Max und ihre Ehe wurde ihr bewußt und dieses Bewußtsein ließ sie eine Trennung herbeiführen. Obwohl sie

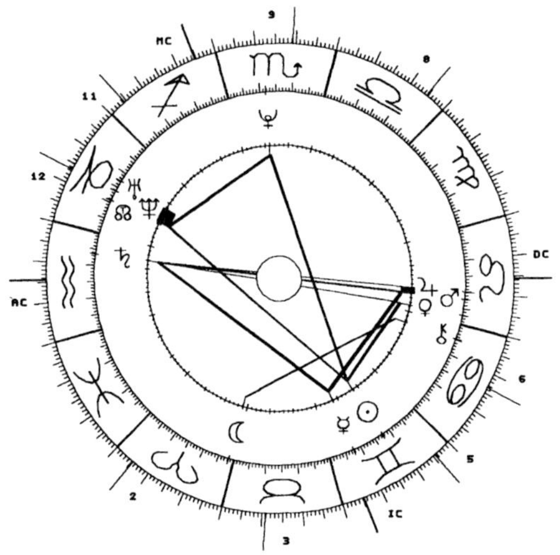

Abbildung 38: Solar Max 1991/92

für Max noch Zuneigung empfand und es ihr fast unerträglich war, ihn zu verletzen, entschloß sie sich zur Scheidung. Sie ist überzeugt, daß dieser Schritt für ihre seelische Genesung notwendig war. Inzwischen sind fünf Jahre vergangen, doch hat Max seine Verletzung noch nicht überwunden und es ist ihm nicht gelungen, sich seelisch von Clelia zu lösen.

Das Solarhoroskop 1991/92 von Clelia ist für uns sehr interessant. Es zeigt die gleiche Position der Sonne wie im Radix – nämlich am IC – und der Aszendent steht auch wieder wie bei ihrer Geburt im Zeichen Skorpion. Es war zweifellos ein Jahr, in dem sie sich mit ihren Kindheitserlebnissen und mit ihrer Vaterbeziehung auseinandersetzen mußte. Venus als Herrscherin des Stier-Deszendenten ist ebenfalls im 4. Haus plaziert und bildet ein Trigon zum AC und ein Trigon zu Pluto; Clelia mußte sich gleichzeitig auch

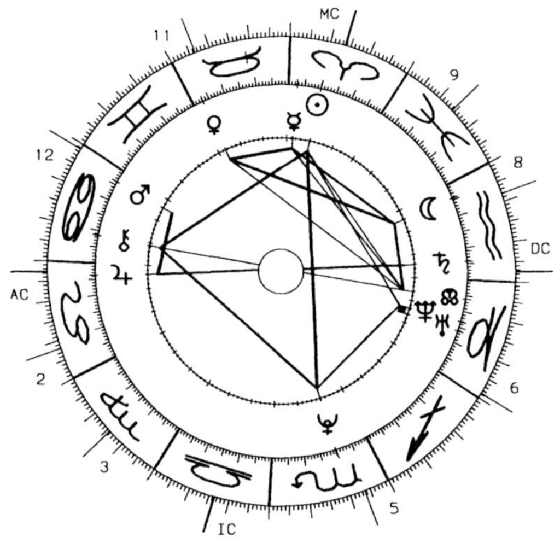

Abbildung 39: Solar des Kombins 1991

mit ihrer Beziehung zu ihrem Mann auseinandersetzen und den Anteil ihrer Projektionen erkennen. Pluto bildete im Transit ein Quadrat zur Sonne. Clelia mußte ihre Reise in die Unterwelt der Vergangenheit alleine unternehmen.

Die einzigen Hinweise auf eine Trennung sind im Solarhoroskop von Max zu finden: Jupiter/Mars-Konjunktion am DC in Opposition zum Saturn. In seinem Radix bilden diese drei Planeten Aspekte miteinander: Jupiter Opposition Mars, Mars Sextil Saturn, Jupiter Trigon Saturn. Neptun und Uranus in Transit standen zum Zeitpunkt der Trennung gerade in Opposition zur Venus/Uranus-Konjunktion im Radix und deuteten auf ein plötzliches Ende der Beziehung.

Die alleinige Untersuchung der Transite und der Solare der beiden Partner lassen bei diesem Beispiel noch keine eindeutigen Anzeichen von Scheidung erkennen. Ein Blick auf das Solarhoroskop des Kombins für das Jahr 1991/92 eröffnet dagegen viele Konstellationen, die das Ende der Beziehung ankündigen: Saturn am Deszendenten steht in Opposition zu Jupiter am AC. Die Sonne – als Herrscherin des Aszendenten – ist im Quadrat zum Uranus, dem Herrscher des DC, was einen deutlichen Hinweis auf die Trennung gibt. Die Sonne befindet sich außerdem im Quadrat zu Chiron. Clelias Aussage, »damit eine Heilung bei mir stattfinden konnte, mußte ich ihn verletzen,« paßt ausgezeichnet zu einem Quadrat zwischen Sonne und Chiron. Es ist erstaunlich, wie oft sich in der Partnerschaftsastrologie wichtige Konstellationen Chirons antreffen lassen, die das Wesen der Beziehung kennzeichnen oder eine Trennung beeinflussen. Die Grundthematik all dieser Partnerschaften kreist immer wieder um Verletzen und Verletztwerden.

Wie berechnet man das Solar?

In heutiger Zeit wird fast jeder das Solar mit dem Computer berechnen, dennoch halte ich es für wichtig, daß wir die Rechenschritte auch manuell nachvollziehen können. Nehmen wir als Beispiel das Horoskop von Thomas, geboren am 13. März 1988 (siehe Abbildung 5 und 6).

1. Wir suchen uns die Radixposition der Sonne in Grad, Minute und Sekunde heraus: 23° 07' 09"

2. In der Ephemeride (0:00 Mitternacht) stellen wir die nächstgelegenen Sonnenpositionen um den Geburtstag für das Solarjahr fest:

13. März 1996 0:00 Uhr	*22° 41' 43"*
14. März 1996 0:00 Uhr	*23° 41' 35"*

3. Jetzt errechnen wir die tägliche Sonnenbewegung:

14. März 1996	0:00 Uhr	23° 41' 35"
13. März 1996	0:00 Uhr	– 22° 41' 45"
Tägliche Bewegung der Sonne	(a)	*00° 59' 50"*

4. Danach berechnen wir die Differenz zwischen der Stellung der Sonne bei der Geburt und der nächst niedriger gelegenen Position der Sonne um den Geburtstag:

Radixposition		23° 07' 09"
13. März 1996	0:00 Uhr	– 22° 41' 43"
Entfernungswert	(b)	00° 25' 26"

5. Nun rechnen wir das Intervall der Entfernung in einen Zeitwert nach folgender Formel um:

$$\text{Zeitdifferenz} = \frac{\text{Entfernungswert (b) x 24 Stunden}}{\text{Tägliche Bewegung (a)}}$$

Umrechnungstabelle

Minuten als Dezimalwert eines Grades oder einer Stunde;
Sekunden als Dezimalwert einer Minute

Minuten/Sekunden	Dezimalwert	Minuten/Sekunden	Dezimalwert
01	0.017	31	0,517
02	0,033	32	0,533
03	0,05	33	0,55
04	0,067	34	0,567
05	0,083	35	0,583
06	0,1	36	0,6
07	0,117	37	0,617
08	0,133	38	0,633
09	0,15	39	0,65
10	0,167	40	0,667
11	0,183	41	0,683
12	0,2	42	0,7
13	0,217	43	0,717
14	0,233	44	0,733
15	0,25	45	0,75
16	0,267	46	0,767
17	0,283	47	0,783
18	0,3	48	0,8
19	0,317	49	0,817
20	0,333	50	0,833
21	0,35	51	0,85
22	0,367	52	0,867
23	0,383	53	0,883
24	0,4	54	0,9
25	0,417	55	0,917
26	0,433	56	0,933
27	0,45	57	0,95
28	0,467	58	0,967
29	0,483	59	0,983
30	0,5	60	1

Auf unser Beispiel übertragen ergibt dies:

Zeitdifferenz = *00° 25' 26" x 24* / *00° 59' 50"*

Es gibt viele Taschenrecher, die die entsprechenden Funktionen für diesen Rechenvorgang integriert haben. Sollte dies aber nicht der Fall sein, empfiehlt es sich, die Zahlen mittels nebenstehender Tabelle in die Dezimalwerte umzurechnen. Dies ergibt: *25'26"=25,433* und *59' 50' = 59,833*. Daraus folgt:

Zeitdifferenz = 25,433 x 24 / 59,833 = 10,201

Dieser Wert muß wieder zurückgerechnet werden:

10 Stunden 12 Minuten 6 Sekunden.

6. Dies ist der Zeitpunkt der Wiederkehr der Sonne, auf den wir das Solar berechnen müssen: 13. März 1996, 10h 12m 6s (Greenwich Zeit). Thomas befand sich an diesem Tag auf 47 N 33' und 7 E 47'.

Literatur

Becker, Udo (Hrsg.). *Lexikon der Astrologie: Astrologie - Astronomie - Kosmologie.* (Herrsching, 1988).

Freeman, Martin. *Astrologische Prognosetechniken: Ein verständliches Handbuch über Prognosetechniken und ihre Anwendung.* (Wettswil 1992).

Gouchon, H. J.. *Dizionario di astrologia* (Milano 1980).

Kirby, Babbs und Janey Stubbs. *Solare und Lunare: Die Deutung von Jahres- und Monatshoroskopen.* (Hamburg, 1993).

Klöckler, Herbert Freiherr von. *Kursus der Astrologie, Band III.* (Freiburg, 1974).

Koch, Beth. *Astrologie der Träume.* (Mössingen, 1994).

Livaldi Laun, Lianella. *Lilith, die Begegnung mit dem Schmerz: Die Astrologie des Schwarzen Mondes.* (Mössingen, 1994).

Livaldi Laun, Lianella. *Liebesbeziehungen im Horoskop.* (Freiburg, 1993).

March, Marion und Joan Mc Evers. *Lehrbuch der astrologischen Prognose: Progressionen - Direktionen - Solare - Lunare - Transite.* (Freiburg, 1993).

Schubert-Weller, Christoph. *Wege der Astrologie: Schulen und Methoden im Vergleich.* (Mössingen, 1996).

Lianella Livaldi Laun (1956) in der Toskana geboren, beschäftigt sich seit 1978 mit Astrologie. Sie ist seit 1987 geprüfte Astrologin DAV mit eigener Beratungspraxis. Korrespondentin und Mitarbeiterin des italienischen Astrologenverbandes CIDA. Regelmäßige Artikel in deutschen und italienischen Fachzeitschriften. Trägerin des von der CIDA verliehenen »Preises für besondere Verdienste um die Astrologie«. Autorin der Bücher *Liebesbeziehungen im Horoskop* (1993), *Lilith, die Begegnung mit dem Schmerz* (1994, 3. Auflage 2002), *Jahresthemen im Horoskop* (1996) *Liebe und Eifersucht* (1997) *Transite und Träume* (1999) und *Lilith im Transit* (2000).

Standardwerke der Astrologie

LIANELLA LIVALDI LAUN

Lilith im Transit

Der Schwarze Mond im Alltag

160 Seiten, Broschur
ISBN 3-925100-51-2

Lilith trägt trotz ihrer Düsterheit zugleich auch ein höchst kreatives Potential in sich. Dies tritt besonders durch die Transite zum Vorschein, vor allem wenn langsame Planeten beteiligt sind. Lilith stellt den ursprünglichsten Teil unserer Persönlichkeit dar, sie verkörpert unsere Authentizität. Durch ihre Transite lässt sie uns unseren wahren Kern erkennen. Die Autorin erforscht seit vielen Jahren das astrologische Prinzip Lilith und ist die Wegbereiterin für deren Betrachtung im deutschsprachigen Raum. Mit diesem Buch liegt nun erstmalig eine umfassende Darstellung der Transite des Schwarzen Mondes vor. Es werden alle Transite Liliths zu den Planeten beschrieben sowie die Übergänge der langsamen Planeten über den Schwarzen Mond. Außerdem wird der Transit Liliths durch die einzelnen Häuser und über die Hauptachsen gedeutet. Durch die Gefühle, die uns diese Transite vermitteln, werden wir die Fassade, hinter der wir uns verstellen, nicht mehr brauchen und lernen, mit unseren Mängeln umzugehen.

Bereits beim Lesen dieses Buches finden wir ein Stück der Urkraft in uns wieder. Schon immer galt Lilith in der psychologischen Astrologie als Katalysator für mächtige Auslösungen. Ein anregendes Leseerlebnis, das uns mehr als ahnen lässt, welche Zwänge wir endlich ablegen müssen, um wir selbst sein zu können.

Meridian

Standardwerke der Astrologie

LIANELLA LIVALDI LAUN

Liebe und Eifersucht

Astrologie in Beziehungsfragen

150 Seiten, 30 Abbildungen, Broschur
ISBN 3-925100-29-6

Wo sich die Pfade von Liebe und Eifersucht kreuzen, entsteht oftmals ein Mangel an Selbstwert mit zerstörerischen Qualitäten. Lianella Livaldi Laun, die seit vielen Jahren in der Partnerberatung tätig ist, legt aber nicht nur den dunklen Aspekt dieses verachteten Gefühls offen. Sie zeigt vielmehr, dass diese Emotion durchaus einen berechtigten Platz in einer Liebesbeziehung einnehmen kann. Betrachten wir die Eifersucht auf astrologischer Ebene, so finden wir Konstellationen, die uns aufzeigen, dass das Urvertrauen meist schon in der Kindheit zerstört wurde, z.B. durch Rivalität zwischen Geschwistern oder wenn ein Kind zwischen den Elternteilen steht. Neben der Betrachtung der jeweils astrologischen Hintergründe für diese Beziehungsfragen, zeigt sie aber immer einen Weg, wie man die Eifersucht kreativ ausleben kann, um wieder zu echter Liebe zurückzufinden. Denn wenn die Betroffenen die Botschaft der Eifersucht entschlüsseln, können sie damit ihre Partnerschaft verbessern, wenn nicht gar retten.

Ein unentbehrliches Buch für alle, welche die Prozesse von Liebe und Eifersucht besser verstehen wollen. Meridian

Aspekte der Astrologie

LIANELLA LIVALDI LAUN

Transite und Träume

Astrologie in der Praxis

96 Seiten, 8 Abbildungen, Broschur
ISBN 3-925100-40-7

Transite der äußeren Planeten beeinflussen unser Wachstum. Zur Zeit wichtiger Planetenübergänge zeigt unsere Traumwelt das aktuelle Lebensthema. Behandelt werden die Transite von Jupiter, Saturn, Chiron, Uranus, Neptun und Pluto, die anhand zahlreicher Fallbeispiele aus der Praxis erläutert werden. Darüber hinaus besticht das Buch vor allem durch seine lebensnahen Ratschläge für einen positiven Umgang mit schwierigen Transiten oder verdrängten Konstellationen und den damit verbundenen Gefühlen.

Die vielen Traumbeispiele machen das Buch lebendig und interessant. Insgesamt acht Radixhoroskope, darunter auch das der Autorin, veranschaulichen die Theorie. Eine anregende Lektüre.

Standardwerke der Astrologie

ERNST OTT

Lebensweg-Analyse

Lehrbuch der astrologischen Progressionen

144 Seiten, 15 Abbildungen, Broschur
ISBN 3-925100-55-5

Sekundärdirektionen – in diesem Buch Progressionen genannt – sind eine Methode der astrologischen Zukunftsdeutung. Zwar stehen alle Potentiale schon bei der Geburt fest, aber manche Ebenen dieser vielschichtigen Anlagen schlummern noch vor sich hin, bis die Zeit reif ist. Manchmal erkennen wir die neu erwachten Kräfte und Talente nicht sofort. Wer mitten im Lebenskampf steht, verliert leicht den Überblick und erhält den Eindruck, dass die Lektionen des Lebens ohne Sinn und Zusammenhang aufeinander folgen. Da helfen uns die Progressionen, die eine Art Fahrplan für die bewusste Lebensgestaltung darstellen. Das sind dann die Themen, mit denen wir im entsprechenden Jahr erfolgreich sein können. Sie wissen, welche Teile des eigenen Wesens jetzt reif sind, sich zu entfalten und weiter zu entwickeln. Damit investieren Sie in Bereiche, die von der Zeitqualität gefördert werden. Ein praktisches Lehrbuch, das zeigt, wie Sie die Progressionen berechnen und deuten.

Wenn Sie schon astrologische Kenntnisse besitzen und sich noch nie mit den Progressionen beschäftigt haben und dies gerne tun möchten, ist dieses Buch das richtige Mittel, um damit zu beginnen. Es ist so aufgebaut, dass Sie sich schrittweise der Thematik nähern können. Astrologie heute

Standardwerke der Astrologie

PAOLO CRIMALDI

Chiron, der innere Lehrer

Entwicklungsaspekte im Horoskop

Broschur, 64 Seiten
ISBN 3-925100-48-2

Chiron stellt uns in völligen Einklang mit unserer bewussten und unbewussten Natur, zwischen dem, was wir sein möchten, und dem, was wir tatsächlich sind. Da Chiron ein Lehrer ist, unser innerer Lehrer, ist in ihm bereits der Entwicklungsaspekt angelegt. Er hilft uns zu wachsen, auf unser Leben zu achten, ständig im Hier und Jetzt zu leben, ohne aber auf vergangene Erfahrungen oder Zukunftsaussichten zu verzichten. Er führt uns auf der Suche nach dem inneren Licht und lässt uns den Kontakt zu unserem Selbst und zu unserer existentiellen Einsamkeit finden. Die Lehre dieses Planeten für unsere Entwicklung besteht darin, wie wir uns mit uns selbst wohlfühlen, uns selbst die nötige Wärme und Liebe für ein Leben in Harmonie mit der Umwelt geben können. Dies ist eine subversive Botschaft, denn sie stellt die Selbstliebe vor die Nächstenliebe und räumt auf mit dem Klischee der grenzenlosen Liebe für den Anderen, in der man die Eigenliebe vergisst.

Ich finde das Buch sehr interessant, da sich der Autor auf das Wesentliche beschränkt und die Fantasie des Lesers in Bezug auf die individuelle Deutung anregt. Sternzeit